교실에서 만난 권정생

교실에서 만난 권정생

초판 1쇄 인쇄 | 2021년 12월 20일
초판 1쇄 발행 | 2021년 12월 30일

지 은 이 | 도토리교사독서교육연구회
펴 낸 이 | 정봉선
펴 낸 곳 | 정인출판사
주   소 | 경기도 하남시 조정대로 45 미사센텀비즈 F749호
전   화 | (031)795-1335
팩   스 | (02)925-1334
홈페이지 | www.pjbook.com
이 메 일 | junginbook@naver.com
등   록 | 제2021-000092호

이 책에서 인용한 책의 이미지는 원저작자와 출판사의 사전 이용 허락을 받았으며,
권정생 관련 사진은 권정생어린이문화재단으로부터 사용 허락을 받았습니다.

12쪽 꽃님과 아기양들 / 권정생 글 / 새벗출판사 **12쪽** 슬픈 나막신 / 권정생 글 / 우리교육
122-123쪽 먹구렁이 기차 / 권정생 글 / 유승하 그림 / 우리교육 **212쪽** 물렁감 / 권정생 글 / 박경진 그림 / 우리교육
28쪽 똘배가 보고 온 달나라 / 권정생, 손춘익 / 창작과 비평사 **28쪽, 170쪽** 사과나무밭 달님 / 권정생 글 / 윤미숙 그림 / 창비
56-57쪽 몽실언니 / 권정생 글 / 이철수 그림 / 창비 **37쪽** 강아지똥 / 권정생 글 / 정승각 그림 / 길벗어린이
39쪽 권정생 원작 / 권오성 감독 / (주)아이타스카 스튜디오 **37쪽, 104쪽** 오소리네 집 꽃밭 / 권정생 글 / 정승각 그림 / 길벗어린이
32쪽 초가집이 있던 마을 / 권정생 글 / 홍성담 그림 / 분도출판사 **37쪽** 한티재 하늘 1 / 권정생 글 / 지식산업사
84-85쪽 랑랑별 때때롱 / 권정생 글 / 정승희 그림 / 보리 **178쪽** 비나리 달이네 집 / 권정생 글 / 김동성 그림 / 낮은산
188-189쪽 아름다운 까마귀 나라 / 권정생 글 / 김용철 그림 / 산하 **196쪽** 길로 길로 가다가 / 권정생 글 / 한병호 그림 / 한울림어린이
140쪽 새해 아기 / 권정생 글 / 신현아 그림 / 단비

ISBN 979-11-88239-97-9 73370

아이들과 선생님이 함께 만드는
행복한 책 읽기 수업

교실에서 만난
권정생

도토리교사독서교육연구회
지음

정인

‖ 작가의 말

　권정생 선생님 댁 가까이 살고 있어서인지 선생님 책을 읽고 아이들과 나눈 이야기를 엮어내고 싶었다. 선생님께 누가 되지는 않을까, 선생님의 작품을 좋아하는 이들에게 실망을 주지 않을까 자꾸 망설여졌다. 부족한 내용으로 겁이 났다. 겁나는 일이라 미루기를 여러 번, 오래도록 갈망하던 일을 이제야 용기를 낸다.

　소망은 소박하다. 권정생 문학 작품으로 수업을 하고 싶은 선생님이 수업을 어떻게 하였나 궁금해하며 책장을 펼치는 것, 책장을 펼쳐 참고가 될만한 내용을 찾게 되는 것이다. 이제 막 아이들을 만나는 저경력 선생님이나 수업을 더 잘하기 위해 고민하는 선생님이 수업을 준비하면서 어떻게 해야 할지 잘 모르는 부분에 대해 우리의 소소한 수업 풍경이 조금이나마 단서가 되거나 도움이 되거나 위로가 된다면 괜찮지 않을까 하는 생각에 용기를 낸다.

　책을 엮으면서 특히 똘배어린이문학회의 글이 많은 도움이 되었다. 아이들을 만나 책을 읽고 이야기를 나누며 희망을 노래하는 우리의 일이 늘 무겁고도 감사하게 여겨진다.

2021년 11월
도토리교사독서교육연구회 씀

이 책의 순서

005   작가의 말

1장 우리 마을 선생님, 권정생

010   우리 마을 선생님, 권정생
012   권정생 선생님의 삶과 작품(1937-2007)

2장 권정생 작품 읽기 수업

044   권정생 작품 읽기, 어떻게 할까?
047   독서 수업의 여러 가지 방법
050   권정생 작품 읽기의 시작

5-6학년

056   당당하고 굳센 그녀 「몽실 언니」
084   선생님, 그곳에 계신가요 「랑랑별 때때롱」
104   깨닫지 못했던 소중함 찾기 「오소리네 집 꽃밭」

3-4학년

122 먹구렁이야, 정말 미안해 「먹구렁이 기차」

140 소중한 사람 아이 「새해 아기」

162 세상의 모든 존재는 가치 있다 「강아지똥」

170 달빛같이 환하게 빛나는 희망과 기쁨을 이야기한다 「사과나무밭 달님」

178 말하는 강아지 달이가 살고 있는 비나리로 가봐요 「비나리 달이네 집」

188 비교하지 말고 나답게 「아름다운 까마귀 나라」

1-2학년

196 길에서 만난 인연들 「길로 길로 가다가」

212 이담에 나도 콩이가 힘든 일이 있으면 도와줘야지 「물렁감」

3장 문학캠프와 문학기행

226 문학캠프

238 문학기행

242 권정생 동화나라

244 참고 문헌

1장
우리 마을 선생님, 권정생

		姓名	權有述
年3月20日		住所	一直面陰路洞
和勝國民學校 一年			
年3月23日		職業	農業(小作)
率從率		保護者	父 (三男)

510	85	%3	學術優等生として表彰 成績優不恰學習優秀者	李珥雨 教員
578	76	1/62		吳泳沫 教員
574	96	1/55	思勤て學科成績優 學科全般に亘り	李鐘鉉 教師
584	98	1/62		篠海遠 校長
666	95	1/62	學科全般に亘り優秀	趙 重 列
651	93	1/56	學科成績優秀	金三龍

우등상받음

‖ 우리 마을 선생님, 권정생

나는 안동에 산다. 권정생 선생님께서 사셨던 일직은 차로 10분 거리. 매일 출퇴근을 하면서 권정생 동화나라 지붕도 하루에 두 번씩 본다. 어느 날 수업 중에 「강아지똥」의 작가가 권정생 선생님이라는 것을 처음 알게 된 아이들이 많다는 것과 권정생 동화나라에 가본 적이 없는 아이들이 많다는 것을 알게 되었다. 물론 모를 수는 있지만 이렇게 가까이 살면서 가본 적이 없다는 사실에 아쉬운 마음이 들었다. 먼 곳에서도 일부러 이곳까지 찾아오는데 가까이 사는 우리는 조금만 관심을 가져도 좋은 공부의 기회가 될 텐데 하는 안타까운 생각도 들었다. 마음 속에 숙제처럼 과제가 주어진 것 같았다. 그때부터 책 읽기 수업을 하거나 좋은 책을 소개하게 될 때 선생님의 작품, 생전에 사시던 집과 동화나라도 자주 소개하기 시작했다.

나는 권정생 선생님을 존경한다. 글이 좋은 사람은 많지만 삶과 글이 일치하는 사람은 얼마나 될까? 선생님은 내가 아는 한 삶과 글이 일치하는 보기 드문 분 중의 한 분이다. 아프고 작고 소외받는 살아 있는 모든 것에 편견 없는 사랑의 눈길을 보내시던 분. 평생 아픈 몸으로 고통 속에 살면서도 끝까지 글을 쓰려 노력하신 분, 분단의 현실에서 평화의 시대를 꿈꾸던 분, 파괴되는 자연을 안타까워하며 자연 속에 살아가는 아이들을 꿈꾸던 분, 돌아가신 이후에도 아이들을 위한 일을 하시는 분이시다.

2007년 5월 17일, 권정생 선생님께서 돌아가셨다. 정말 많이 슬펐다. 우리는 안동에서 '정신적인 지주'를 잃었다는 사실을 그때 깨달았다.

선생님은 성품이 수줍기도 하셨지만, 몸이 편찮으셔서 다른 사람을 만나는 것을 많이 꺼리셨다. 사람들이 찾아올 때 집 뒤 빌뱅이 언덕에 가서 숨으신 적도 있다. 우리 가족은 명절을 전후로 가끔 선생님을 뵈었다. 선생님을 찾아가 이런저런 이야기를 들을 수 있었던 일은 지금 생각하니 큰 행운이었다는 생각이 든다. 한 번은 우리 아이가 선생님 댁 뒷간에서 똥을 누고 종이가 없어 호박잎으로 뒤를 닦은 적이 있다. 한 번 닦고 접고, 또 한 번 닦고 접다가 마지막에는 뾰족한 부분으로 닦아서 똥꼬가 아팠다면서 그 경험을 시로 썼다. 그랬던 아이가 벌써 군대도 다녀오고 어엿한 어른이 되었는데 언젠가 지나는 말로 자신의 시가 인터넷에 떠도니 지워 달라는 농담을 하기도 했다. 그날은 선생님께 『밥데기 죽데기』 책을 선물로 받은 날이기도 했다. 차를 타고 가서 선생님을 뵙는다는 게 좀 죄송스럽기도 했다. 늘 환경을 걱정하고, 세계 평화를 기원하고, 굶주리는 아이들을 염려하는 선생님을 뵈었기에 일상생활 속에서 잘 실천하지 못하는 우리가 부끄러웠기 때문이기도 했다.

이제는 글을 통해 선생님을 만난다. 글을 읽다 보면 선생님의 삶이 보이고, 생각이 보인다. 어린 시절의 책이 보이고 꿈이 보이기도 한다. 아프고 슬펐던 삶도 보인다. 책이 있다는 건 얼마나 다행스럽고 고마운 일인가. 오늘도 한 권의 책을 펼치고 선생님을 만날 수 있으니.

‖ 권정생 선생님의 삶과 작품(1937-2007)

일본에서 보낸 유년 시절

권정생은 1937년 일본 도쿄의 변두리 시부야구 혼마치에서 태어났다. 5남 2년 중의 여섯째였다. 아버지는 거리의 청소부로 어머니는 삯바느질로 어렵게 생계를 이어 갔다. 어릴 때는 권경수로 불렸다. 아버지가 쓰레기더미에서 헌책을 가려내어 와서 뒤란 구석에 쌓아 두었다가 고물 장수에게 팔곤 하였는데, 이 쓰레기더미 속에서 이솝이야기, 그림동화집, 오스카 와일드나 미야자와 겐지 등의 책을 읽으며 글을 익히고 세상을 배웠다.

6살 무렵 권정생은 따뜻한 사람을 만난 일을 기억한다. 극장에 가서 고구마튀김을 손에 쥐어 주던 히데꼬 누나, 고아원에서 온 노리꼬, 간도 대지진 때 부모를 잃고 일본인 집에서 식모살이처럼 얹혀 살던 경순 누나 등을 그때 만난다. 『슬픈 나막신』에 당시의 이야기가 곳곳에 담겨져 있다. 이 책은 2002년 65세 되던 해에 펴냈다. 1975년에 펴낸 『꽃님과 아기양들』의 제목을 바꾸고, 등장인물의 이름을 처음의 일본 이름으로 고쳐 펴낸 것이다. 고달픈 전쟁은 직접 총칼로 싸우는 사람들의 고통과 가족을 잃은 슬픔을 안고 살아가는 남은 가족의 아픔으로 눈물겹게 기록된다.

『꽃님과 아기양들』 표지, 좌
『슬픈 나막신』 표지, 우

> 하나꼬는 정성껏 비는 마음으로 노래를 불렀다.
> 　비가 그치고, 그리고 지루하고 고달픈 전쟁도 끝나야 한다. 감옥에 갇힌 아버지가 돌아오고, 어머니가 오셔야 한다. 불탄 자리를 깨끗이 치우고 살고 싶다. 동생 스즈꼬도 찾아야 한다. 〈중략〉 한결같이 같은 마음으로 손 모아 빌고 있을 것이다. 남을 때려눕히고 나 혼자만 잘 살자는 어른들의 비뚤어진 마음과는 다르다. 아이들은 칼을 들지 않고도, 총을 겨누지 않고도, 폭탄을 떨어뜨리지 않고도, 조용히 그러나 가장 아프게, 쓰라리게, 기도로써 눈물겹게 싸운다.
>
> 『슬픈 나막신』 243쪽

1944년 도쿄 시부야 혼마치에서 초등학교에 입학해 8개월을 다녔다. 12월 폭격으로 인해 집이 모두 불타 없어진다. 식구들이 뿔뿔이 흩어졌다가 군마껜 쯔마고이라는 시골로 이사했다가 거기에서 해방을 맞이한다. 이곳 소학교에 6개월을 다녔다고 한다.

1945년 해방을 맞아 후지오카로 이사한다. 이때 많은 조선 청년들이 집으로 찾아오는데 큰형이 노동자들을 대상으로 밥집을 하며 자연스럽게 총련계와 가까워진다. 조선인연맹(조선청년동맹)에 가입한 큰형과 셋째형은 식구들이 귀국할 때 일본에 남아 다음에 귀국하기로 했으나 끝내 돌아오지 못한다. 정생이 수술을 받을 때 병원비를 보내주던 셋째형과도 1970년대 중반에 이르러 편지 검열이 심해서 연락을 자주 못하고 이후 뜸해졌던 것으로 보인다. 사상적으로 억압받는 세상, 이데올로기가 사람을 갈라놓고 우리 민족이 통일을 이루지 못한 것에 대한 선생님의 안타까움은 일본에 남은 두 형과 마음 놓고 연락할 수 없는 현실의 영향도 있지 않은가 생각해본다.

귀국 후 안동에 정착하다

1946년 3월에 우리나라에 돌아오지만 가족은 흩어져서 살게 된다. 아버지와 작은누나는 안동으로, 어머니, 큰누나, 정생과 동생은 청송 외가에서 살았다. 화목 장터에서 1년 반 남짓 살면서 여섯 번 이사를 했다고 한다. 어머니는 약초를 캐서 팔고 여름에는 품을 팔았다. 경북 청송군 화목초등학교를 5개월 다니고 아버지가 일직면 조탑리에 소작을 구해 정착하면서 1948년 안동에 와 일직초등학교 1학년에 다시 입학한다.

당시 일직국민학교에 남아 있는 선생님의 생활기록부는 권정생이라는 이름을 지우고 권경수라고 적었다. 당시에는 모두 아명인 '경수'라 불렀고 나중에 일직교회에서도 당시의 친구들이 대부분 권경수 집사님이라고 많이 불렀다 한다. 학교에서는 공부를 썩 잘했다. 학급 반장도 하였다. 하지만 집안 형편 때문에 상급 학교 진학은 포기해야 했다. 1950년 6.25 전쟁 당시에는 3개월간 피난을 갔다가 돌아온다. 1953년 3월 23일 16세 되던 해에 안동 일직초등학교를 졸업한다.

생활기록부와 일직초등학교 졸업 사진
(뒷줄 왼쪽에서 두 번째)

중학교에 가고 싶었으나

선생님은 중학교에 가고 싶어 부단히 노력했다. 나무를 해다 팔아 암탉을 사서 암탉을 키워 1년 뒤에 중학교에 가려고 했다. 암탉이 다섯 마리에서 백 마리가 훨씬 넘도록 키웠지만 전쟁과 함께 닭 전염병이 덮쳐 모두 죽게 된다. 닭이 모두 죽자 객지 생활을 시작한다. 이때 나무장수, 고구마장수, 담배장수 점원도 한다. 고구마장수를 할 때 주인이 무게를 속여 팔게 했는데 처음에는 시키는 대로 하지 않다가 결국 양심을 속이게 된다. 어느 날 어머니가 고구마를 사러 왔는데 어머니께 고구마 두 관을 팔면서 여느 사람 대하듯이 속일 뻔하였다. 어머니까지 속일 뻔 했던 이 일이 선생님을 크게 힘들게 했고 이날 밤 지새우다시피 울며 결국 고구마 가게를 그만두고 집으로 돌아갔다고 한다.

아랫마을 예배당에서 하는 야간학교에 나가 영어 알파벳도 배우고 수학도 공부한다. 수업료는 한 달에 한 번씩 나무를 해다 주었다고 한다. 1954년 17세 겨울, 고학으로 상급학교에 갈 생각에 다시 집을 떠난다.

10대의 권정생, 책을 좋아하다

1955년 18세, 여름 부산 초량동의 이종사촌형 재봉기 상회 점원으로 일한다. 자동차 정비소에서 일하던 오기훈과 최명자라는 친구도 생겼다. 이북 피난민이었던 오기훈과 함께 용돈이 생기면 초량동에 있는 '계몽서적'이란 헌책방에서 책을 빌려다 보았다. 『젊은 베르테르의 슬픔』, 도스또예프스키의 『죄와 벌』, 이광수의 『단종애사』 월간 잡지 《학원》 등을 사서 읽었다.

《학원》에 전경수라는 이름으로 「여선생」이라는 작품을 기고한 것을 2018년 출간된 책 『아름다운 사람 권정생』(저자 이충렬)에서 소개하고 있다. 전경수는 권경수의 오자로 추측이 된다. 문학청년으로 글을 쓰기 시작한 것을 알 수 있다.

친구 '오기훈'과 〈굳세어라 금순아〉, 〈슈사인 보이〉를 목이 터져라 부르며 쓸쓸함과 슬픔을 함께 달랬다고 한다. 친구 오기훈이 자살한다. 권정생은 깊은 슬픔에 빠졌고 월간 잡지 《학원》도 1955년 8월호를 끝으로 보지 않는다. 시와 소설을 써보던 것도 서점을 가는 것도 노래를 부르는 것도 그만둔다.

열아홉 권정생, 병에 걸려 돌아오다

1956년 19세, 결핵을 앓기 시작한다. 아무에게도 아프다는 눈치를 보이지 않으며 1년을 버티다 끝내 견디지 못하고 자리에 눕는다. 늑막염에 폐결핵이 겹치게 된다. 1957년 20세, 집을 떠난 지 5년 만에 어머니에게 이끌려 집으로 돌아온다. 소변 보는 횟수가 잦아지고 통증이 뒤따라 밤에 잠을 제대로 자지 못했다. 열일곱 살이던 동생이 초등학교를 졸업한 뒤 집에서 농사일을 거들며 힘겹게 일을 한다. 권정생은 동생이 한창 공부하고 자라야 할 나이에 평생 노동으로 시달려온 부모처럼 고생할 것을 생각하며 가슴 아파한다.

어머니 사진, 좌
「무명저고리와 엄마」 삽화, 우

이듬해, 늑막염과 폐결핵에서 신장결핵 방광결핵으로 온몸이 망가져 간다. 어머니는 약초를 캐고 메뚜기, 뱀, 개구리를 잡는 등 권정생의 병세 호전을 위해 애를 쓴다. 권정생은 마음이 여리고 약한 어머니가 뱀까지 잡아가며 자신을 위해 헌신하는 모습을 보며 눈물을 흘린다.

동생이 돈을 벌기 위하여 집을 나가고 어머니는 병 치다꺼리에 여념이 없자, 농사는 아버지 혼자 짓는다. 선생님은 집 나간 동생과 부모에게 도저히 그 이상 고생을 시킬 수는 없다는 생각에 차라리 죽기를 바라며 기도한다. 밤마다 교회당에 가서 밤을 지새우며 하느님에게 고통을 부르짖는다. 1963년 어머니의 극진한 간호로 병세가 호전되며 일직교회 주일학교 교사로 봉사하기 시작한다. 1964년 평생 고생만 하던 어머니가 세상을 떠난다.

「무명저고리와 엄마」는 조선일보 신춘문예 당선작이다. 「무명저고리와 엄마」를 보면, 자식이 모두 일곱이 나온다. 권정생의 형제자매처럼 아들 다섯에 딸 둘이 나온다. 붙일 이름이 없어 무돌이라고 이름 짓는 부분에 웃음이 나온다. 평소 재치 있게 유머를 즐기던 선생님의 일면을 보는 것 같다.

> 첫아기, 복돌이를 낳고부터 엄마 일손은 그렇게 더 바빠진 것입니다. 그러나 엄마는 즐거웠습니다. 잇달아 차돌이와 삼돌이가 태어났습니다.
> 복돌이의 복숭아 볼이 비비적거렸던 엄마 저고리에 이제 차돌이와 삼돌이의 볼이 연거푸 저고리를 비볐습니다. 엄마 저고리는 젖 냄새가 납니다. 복돌이 냄새가 납니다. 차돌이, 삼돌이의 코흘린 냄새가 납니다. 베틀 소리와 함께 아기들의 울음소리가 무명 올마다 감겼습니다. 복돌이, 차돌이, 삼돌이의 울음소리입니다.

저고리는 앵앵 시끄럽습니다. 그러나 엄마는 저고리를 해님처럼 소중히 여겼습니다. 복돌이의 웃음소리, 차돌이와 삼돌이의 예쁜 모습만을 저고리에 담아 둡니다.

할미꽃과 진달래가 피는 봄이 지나갔습니다.

이번에는 엄마가 딸을 낳았습니다. 큰분이는 엄마 저고리에 더 많은 자국을 남겼습니다. 또분이가 태어나서 큰분이는 저고리를 내놓아야만 했습니다.

저고리는 닳고 닳아 어깨판을 기웠습니다. 그러나 엄마는 여전히 즐겁기만 합니다.

산앵두꽃이 피고 지는 봄이 두 번 또 지나갔습니다.

엄마는 아가를 또 낳았습니다. 엄마는 아가 복이 있나 봅니다. 이번 아가는 아들입니다. 식구들은 이 아가가 아마 막내가 되리라 짐작하고 막돌이라 불렀습니다. 막돌이도 엄마 저고리에서 무럭무럭 자랐습니다. 그리고 봄이 지나갔습니다.

막돌이가 걸음마를 시작했습니다. 아, 그런데 뜻밖에도 엄마는 또 아가를 낳았습니다. 아들입니다. 아주 난처합니다. 이름 지을 것이 없습니다. 여섯 번째 아가를 막돌이라 했기 때문에, 붙일 이름이 없는 것입니다. 일곱째 아가는 그래서 무돌이입니다.

『똘배가 보고 온 달나라』「무명저고리와 엄마」 9~10쪽

철저하게 거지가 되기로 하다

어머니가 돌아가시고 남자들만 세 식구가 남게 된다. 아버지가 몰래 권정생을 불러 어렵게 말을 꺼낸다. 동생이라도 우선 결혼을 시켜 가계를 이어야하니 어디 잠시만 나갔다 오는 건 어떻겠냐고. 권정생은 아버지가 오죽하였으면 나에게 그런 말을 했을까 '내가 먼저 나갔어야 했다.'고 회고한다. 4월 중순, 동생에게 쪽지 한 장을 남기고 집을 나와 기도원으로 간다. 동생이 울면서 따라와서 가지 말라고 했던 곳이 당시의 기차역 운산역이다. 현재는 무인역으로 화물열차만 지나다닌다.

기도원에 잠시 머물렀다 다시 나와 그날 밤부터 권정생은 철저한 거지가 되기로 결심한다. 3개월 남짓하게 거지 생활을 한다. 대구, 김천, 상주, 점촌, 문경을 떠돈다. 8월 초순, 권정생이 자신도 모르게 고향 가까운 예천 지방으로 왔을 때 갑자기 온 몸에 열이 오르고 걸음을 옮겨놓기 힘들 만큼 아랫배의 국부가 아팠다.

이튿날 한밤중에 몸도 못 가누고 쓰러지며 집으로 간다. 이때부터 부고환결핵을 앓게 된다. 방에 불을 환하게 켜두고 아버지는 병석에 누워 계셨다. 돌아온 권정생은 아버지가 벽 쪽으로 고개를 돌리고 소리 없이 우는 것을 본다. 아들을 기다리고 있었던 것이다. 그해 12월 아버지도 세상을 떠난다. 거지 생활을 하면서 권정생은 세상을 원망하는 것이 아니라 오히려 자신을 도와주던 따뜻한 기억을 간직한다. 몽실이의 구걸 장면을 보면 자연스럽게 이 시절의 경험이 함께 떠오른다.

1976년 39세, 『새가정』에 2월호부터 6월호까지 5회 동안 「오물덩이처럼 딩굴면서」를 연재한다. 「오물덩이처럼 딩굴면서」는 어려서부터 당시까지의 자신의 삶을 진솔하게 적어놓은 수기이다. 철저하게 거지 생활을 하기로 결심하고 겪었던 일의 일부를 다음과 같이 기록했다.

나는 오랜 세월 병고에 시달려 왔기 때문에 직접 간접으로 사람들에게 많은 신세를 져 왔다. 집을 나와 거지 생활을 하던 그 당시도 친절을 베풀어 준 많은 사람들을 잊지 못한다.

상주 지방, 마을 앞엔 우물이 있고 늙은 소나무가 있던 외딴집 노부부의 정다운 모습을 잊을 수 없어「복사꽃 외딴집」이란 동화를 썼다. 열흘 동안 매일 아침마다 찾아갔지만 한 번도 얼굴을 찌푸리지 않고, 깡통에 밥을 꾹꾹 눌러 담아 준 점촌 조그만 식당 집 아주머니, 가로수 나무 밑에 쓰러져 있을 때 두레박에다 물을 길어 헐레벌떡 달려와 먹여 주시던 그 할머니의 얼굴도, 뱃삯이 없다니까 그냥 강을 건네주시던 뱃사공 할아버지도 좀처럼 내 기억에 지워지지 않는 얼굴들이다. 이처럼 곳곳에 마음 착한 사람들이 있었기 때문에 나는 얼어 죽지 않고 살아날 수 있었던 것이다.

그즈음 나의 머리에는 죽음이란 생각이 잠시도 떠나지 않았었다. 어떻게 하면 남에게 내 추한 모습을 보이지 않고 자취 없이 죽을 수 있을까를 골똘히 생각했다. 오늘 밤엔 꼭 뒤집에서 삽이나 괭이를 빌려 인적이 드문 산 속에 구덩이를 파고 들어가 죽어 버려야지 하고 벼렀다. 실제로 나는 몇 번인가 죽을 수 있는 장소를 보아 두기도 했었다. 그러나 밤이 되면 낮에 마음먹은 것이 물거품처럼 사라지고 나의 죽음은 또 다음날로 미뤄지는 것이었다.

『빌뱅이 언덕』「오물덩이처럼 딩굴면서」 40~41쪽

수술, 그리고 혼자의 삶

1966년 5월에 콩팥을 들어내는 수술을 한다. 12월에 방광을 들어내는 수술을 한다. 하나 남은 콩팥도 병이 들었지만 다 들어내면 안돼서 바깥으로 소변 주머니를 다는 수술을 한다. 퇴원할 때 의사는 2년을 살 테니까 2년을 견디라고 했고 간호사는 6개월도 못 살 것이라고 했다. 그러나 자신의 글이 인정받는 기쁜 일을 겪으며 갖게 된 소망이 극심한 고통 속에서도 삶의 끈을 놓지 않고 우리 곁에 오래도록 살 수 있게 하지 않았나 생각한다.

1967년 당시에 일본에 있는 형수에게 쓴 편지가 〈권정생 동화나라〉에 전시되어 있다.

형수님
그동안 별 일 없으셨어요?
따뜻한 봄 기운이 찾아온 듯 합니다.
저도 몸이 조금씩 좋아져서 지금은
밥 한 공기 정도는 먹을 수 있게 되었습니다.
더욱 기쁜 일은 제가 쓴 동시가 2편
기독교교육과 아동문학에 발표되었다는 것입니다.
선평에서 '공부를 계속하면 좋은 동시를 많이 쓸 수 있는 분'이라는
칭찬을 받았습니다.
정말 기쁜 일이지요.

지금 제가 쓰고 있는 동시는 모두 200편 정도
완성되었습니다.
죽기 전까지 예쁜 동시집 한 권에 싣고 싶다는
희망을 가지고 책을 읽고 공부하고 있습니다.
하나님께서도 이 한 가지 소망은
허락해 주시겠지요.
〈중략〉
안녕히 계세요.

(1967) 3. 5 정생으로부터

1967년 30세, 동생이 결혼을 해서 따로 나가 산다. 권정생은 동생의 결혼을 감사해하며 자신이 자유로운 몸이 된 것을 하느님이 베풀어준 최대의 은혜라 생각한다.

예배당 종지기 생활을 시작하다

1968년 31세, 2월에 일직 교회 문간방에 들어가 살게 된다. 서향으로 지어진 예배당 부속 건물의 흙담집은 겨울에는 춥고 여름에는 더웠다. 외풍이 심해 겨울엔 귀에 동상이 걸렸다가 봄이 되면 나았다고 한다. 교회에서 좀 더 나은 곳을 권했으나 거절했다. 겨울에도 맨손으로 종을 치곤 했다.

아이들과 함께

그 조그만 방에서 권정생은 글을 쓰고 아이들을 만난다. 「깜둥바가지 아줌마」를 대구 매일신문 신춘문예에 보냈는데 예심에 올라갔다 떨어진다. 세상에 태어났다가 그냥 죽는 게 억울해서 글을 쓴다고 했다. 「강아지똥」을 동시로 썼는데 만족스럽지 않았다.

월간 『기독교교육』의 제1회 기독교아동문학상 현상 모집에 「강아지똥」을 동화로 고쳐 써서 보낸다. 마감 50여 일 동안 원고지의 앞면 뒷면을 메워가면서 열에 들뜬 몸으로 동화를 썼다. 50일간의 고통 끝에 「강아지똥」이 완성되었다. 「강아지똥」 응모 당시 원고 매수 때문에 덜어냈던 감나무 가랑잎 장면은 2003년 애니메이션으로 상영되면서 되살아났고 2004년 『동화 읽는 어른』 7월호에 동화가 실리면서 알려진다. 시한부 인생과 자신의 죽음을 생각하면서 쓴 감나무 가랑잎 장면이 더욱 절실했던 권정생은 『동화 읽는 어른』에 원고를 보내면서 '이제 겨우 마음이 놓인다.'고 했다고 한다.

일직 교회 생활

어둡고 춥고 아무도 없는 골목길에 강아지똥은 혼자서 자꾸 어깨를 들먹이며 소리 없이 울고 있었습니다.

그때, 어둠 속에서 사박사박 무언가 강아지똥 앞으로 다가오는 소리가 났습니다. 한 쪽 귀퉁이가 찢겨져 상처 난 감나무 가랑잎이었습니다.

감나무 가랑잎은 숨이 몹시 가쁜 듯이 쌕쌕거렸습니다.

"얘야, 너 울고 있니?"

감나무 가랑잎이 강아지똥 앞에서 잠깐 멈추었습니다.

"……"

강아지똥은 눈을 감은 채 대답을 못했습니다.

"얘야, 왜 우느냐니까?"

감나무 가랑잎이 한 번 더 물었습니다.

"너는 누구니?"

강아지똥은 눈을 꼭 감은 채 되물었습니다. 너무나 무서웠기 때문입니다.

"난 감나무 잎이야."

"감나무 잎이 왜 땅바닥에 굴러다니니?"

그제서야 강아지똥은 눈을 뜨고 감나무 가랑잎을 바라보았습니다.

"지금 겨울이잖니, 우리 모두 엄마 나무에서 떨어져 흩어졌단다."

"겨울이면 엄마 나무에서 떨어지니?"

"그럼, 우리가 모두 떨어져 죽어야만 엄마는 내년 봄 아기 이파리를 키우거든."

"엄마야! 불쌍해라."

"불쌍해도 어쩌지 못하는걸. 이 세상엔 누구나 한번 태어나면 언젠가 죽는단다."

"하지만, 아까 낮에 있었던 흙덩이는 죽지 않고 살아서 도로 밭으로 가는 걸 봤는데……."

강아지똥은 낮에 있었던 흙덩이 이야기를 했습니다.

감나무 가랑잎이랑 얘기를 하다 보니 춥던 것도 무섭던 것도 많이 가시어졌습니다.

"그래, 하지만 흙덩이는 아직 죽을 때가 아니었나 봐, 세상엔 우리보다 아주 오래오래 사는 애들도 많거든."

감나무 가랑잎이 잠깐 하늘을 쳐다보았습니다.

"그럼 빨리 죽는 것하고 오래 사는 것하고 다르니?"

강아지똥이 물었습니다.

"그래, 하루살이는 하루 살다 죽고 우리 같은 나뭇잎은 일 년도 못 살아."

"왜 세상이 그렇게 복잡하니?"

"맞아. 너처럼 한밤중에 댕그랗게 혼자 울고 있는 애도 있고 나처럼 이리저리 굴러다니기도 하고."

"난 아무 데도 못가는 걸. 이 자리에 꼼짝 못하고 종일 앉아 있었거든."

강아지똥이 오들오들 떨면서 감나무 가랑잎을 슬프게 바라보았습니다.

"하지만 넌 웬만큼 바람이 불어도 어디론가 날려가지는 않잖니. 나는 바람 부는 대로 이리저리 굴러다녀야 하는 걸."

"어디로 자꾸 굴러가니?"

"그것도 몰라. 어딘가 자꾸자꾸 굴러가다가 멈추겠지."

감나무 가랑잎이 몹시도 숨이 차는지 말소리가 떨렸습니다.

"너 목소리가 왜 그러니?"

강아지똥이 또 물었습니다.

"난 이제 곧 숨이 질 거야. 그래서 그래."

그때 어디선가 밤바람이 휘익 불었습니다. 그러자 정말 감나무 가랑잎이 홀랑홀랑 굴러갔습니다.

잠깐 사이에 어디론가 어둠 속으로 굴러가 버린 것입니다.

사방이 캄캄하고 조용해졌습니다.

어느새 하늘엔 검은 구름 떼가 몰려와 가득히 덮였습니다.

이내 사뿐사뿐 눈이 내리기 시작했습니다. 솜이불처럼 강아지똥을 따뜻하게 덮어 줍니다.

〈중략〉

『먹구렁이 기차』「강아지똥」 113~117쪽 일부 인용

1973년 「조선일보」 신춘문예에 「무명저고리와 엄마」가 당선된다. 권정생은 당선 소감을 이렇게 말한다.

산골 마을, 음산하고 추운 나의 오막살이 방 안에도 오늘은 때 아닌 봄빛이 활짝 퍼진 것만 같습니다.

병고에 시달려온 나는 어느 때부터인지, 밝은 낮보다 어두운 밤하늘이 더 좋았습니다. 초롱초롱 빛나는 고운 별빛을 벗하며, 길고 긴 병상 생활에서 그 누군가를 한없이 기다렸습니다.

나의 어머니이자, 5천만 우리 민족의 슬픈 어머니의 이야기를 꼭 적어보고 싶었습니다.

그러나 동화로 엮어나가기란 어려웠습니다. 50장의 원고를 3년 만에 탈고

> 했습니다. 저승에 계신 어머니께서도 함께 기뻐해주세요.
> 〈중략〉
>
> 『아름다운 사람 권정생』 96~97쪽 일부 인용

이오덕과 교류하다

1972년 이오덕이 『기독교교육』에 실린 「강아지똥」을 읽고, 1973년 「조선일보」 신춘문예에 「무명저고리와 엄마」가 당선된 며칠 뒤 권정생을 찾아온다.

이오덕은 어른, 아이 모두 권정생의 작품을 읽어야 한다는 생각으로 온 힘을 다해 권정생을 세상에 알렸고 평생을 마음을 나누는 친구로 지냈다. 권정생은 글을 쓰는 대로 이오덕에게 보냈다. 권정생의 주옥같은 작품은 이오덕을 만나 세상에 나왔고 평생 이들은 편지를 주고받으며 왕래한다. 이오덕은 책 출판뿐만 아니라 권정생 작품을 신문이나 잡지에 싣는 데 앞장섰고 원고료 받는 것도 꼼꼼히 챙겨주었다.

> 이오덕 선생님
> 편지 받았습니다. 왠지 눈시울이 화끈 더워지는 것을 어쩔 수 없었습니다. 사랑이 무엇이고, 어떤 것이라는 것을 선생님 글월에서 느꼈습니다.
> 〈중략〉
> 솔직히 저는 사람이 싫었습니다. 더욱이 거짓말 잘하는 어른은 보기도 싫었습니다. 나 자신이 어린이가 되어 어린이와 함께 살다 죽겠습니다. 선생님만은 제 마음 이해해 주실 겝니다.
> 나라고 바보 아닌 이상 돈을 벌 줄 모르겠습니까? 돈이면 다아 되는 세

> 상이 싫어, 나는 돈조차 싫었습니다. 돈 때문에 죄를 짓고, 하늘까지 부끄러워 못 보게 되면 어쩌겠어요? 내게 남은 건, 맑게 맑게 트인 푸른빛 하늘 한 조각.
>
> 　이오덕 선생님
>
> 　하늘을 쳐다볼 수 있는 떳떳함만 지녔다면, 병신이라도 좋겠습니다. 양복을 입지 못해도, 장가를 가지 못해도, 친구가 없어도, 세끼 보리밥을 먹고 살아도, 나는, 나는 종달새처럼 노래하겠습니다.
>
> 〈중략〉
>
> 　　　　　　　　　　　　　　　　　　　1973년 2월 8일 권정생 드림.
>
> 　　　　　　　　　　　『선생님, 요즘은 어떠하십니까』 12~14쪽 일부 인용

1975년, 「금복이네 자두나무」로 제1회 한국아동문학상을 받는다. 일본에 사는 형에게 『강아지똥』을 보낸다. 1977년 40세, 교회문간방에서 부모와 함께 살던 농막 집 앞에 있는 조그만 집을 산다. 생각을 정리하고, 솔직한 글을 쓰고, 좀 조용하고 싶어서 이사를 했다고 한다. 권정생, 손춘익, 이영호, 이현주, 정휘창이 5인 동화집 『똘배가 보고 온 달나라』를 창비에서 펴낸다.

『똘배가 보고 온 달나라』 표지, 좌
『사과나무밭 달님』 표지, 우

1978년 41세, 『소년』 1월호에 「초가삼간 우리 집」을 연재한다. 12월에 단편동화집 『사과나무밭 달님』(창비)을 펴낸다.

요양원 생활

1979년 42세, 1월에 정호경 신부에게 끌려 칠곡군 지천면 연화요양원에 입원한다. 거의 반년 동안 요양원 생활을 한다.

1980년 43세, 12월 1일 이오덕에게 보낸 편지에서 '아동문학가협회 월보는 부끄러운 휴지조각'이라며 소극적이고 무사안일하며 비겁한 문인들의 태도에 분노한다. '어두운 시대에 비굴한 글쟁이이기보다 차라리 침묵하고 있는 쪽이 당당할지 모르겠다.'고 한다. 막심 고리끼의 『어머니』를 아이들에게 조심조심 이야기해주면서 '어린이들이 가장 먼저 진리를 깨닫는다.'고 한 예수님의 말을 믿었다.

1981년 44세, 울진에 있는 조그만 시골교회 청년회지에 소년소설 「몽실 언니」를 연재한다. 「몽실 언니」 연재를 『새가정』으로 옮겨 1월호부터 시작해 1984년 3월에 끝낸다. 인민군이 나오는 이야기가 문제가 되어 1982년 12월과 1983년 2월에는 연재가 중단된다. 문제가 된 부분은 삭제하기로 하고 연재가 재개된다. 문제가 된 부분은 9회와 10회에 인민군이 나오는 대목이다. 잘려 나간 내용은 인민군 청년 박동식이 몽실이를 찾아와 통일이 되면 서로 편지를 하자고 주소를 적어주는 장면이라고 한다. 군사정권 아래 반공 이데올로기가 강요되던 그 당시에 '인민군'에 대해 '적'이나 '살인마'로 묘사하지 않고 우리와 똑같은 한 핏줄, 한 백성으로 묘사하는 것은 감히 아무도 쓸 수 없는 내용이었기 때문이다. 이후 잘려나간 부분으로 인해, 이어질 일부 내용이 빠질 수밖에 없었고, 원고지 1천장 분량의 예정이 7백장으로 마무리되었다고 한다.

"……그렇지 않아요. 빨갱이라도 아버지와 아들은 원수가 될 수 없어요. 나도 우리 아버지가 빨갱이가 되어 집을 나갔다면 역시 떡 해드리고 닭을 잡아 드릴 거여요."(p.66)

"다리 다친 건 내 팔자여요."(p.71)

"국군 중에도 나쁜 국군이 있고 착한 국군이 있지. 그리고 역시 인민군도 나쁜 사람이 있고 착한 사람이 있어.「중략」국군이나 인민군이 서로 만나면 적이기 때문에 죽이려 하지만 사람으로 만나면 죽일 수 없단다."(p.122)

어려움에 부딪치면 금방 쓰러져 버리는 나약한 사람도 있지만, 반대로 더욱 강하게 일어서서 견뎌 나가는 사람도 있는 것이다. 몽실은 아마 어떤 어려움 속에서도 쓰러지지 않고 꿋꿋이 살아갈 것이다.(p.156)

이 세상 사람들이 다 한 번씩 죽은 것은 정한 이치인데, 꼭 벌을 받아 죽는다고는 할 수 없다고 생각했다. '착한 사람도 죽는 건 마찬가지야. 새어머니는 너무너무 착했는데도 죽었어.'(p.165)

'어떤 일이 있어도 살아야 한다.'(p.213)

『몽실 언니』

『몽실 언니』가 MBC에서 36부작 드라마로 만들어진다. 1990년 9월 1일부터 1991년 1월 5일까지 방영되었다. 2009년에는 같은 제목으로 영화도 제작된다.

빌뱅이 언덕 아래 흙집으로 이사하다

1983년 46세, 빌뱅이 언덕에 여덟 평짜리 작은 흙집으로 이사한다. 이오덕에게 쓴 편지에 '따뜻하고, 조용하고, 그리고 마음대로 외로울 수 있고, 아플 수 있고 생각에 젖을 수 있어' 이사 간 집이 참 좋다고 편지에 쓴다.

사시던 집

빌뱅이 언덕

1986년 3년 뒤에는 지역 문인들의 도움으로 집에 전기가 들어온다. 답례 편지에 '아직도 고무신과 호롱불이 생리적으로 제겐 어울린다는 진부한 생각을 합니다. 전기불빛 아래에서 과연 동화가 씌어질 수 있을지 무거운 숙제가 되었습니다.'라는 말로 복잡한 심경을 표현하기도 했다.

동화책을 출간하다

1984년 단편동화집 『하느님의 눈물』(인간사), 장편소년소설 『몽실 언니』(창비)를 펴낸다.

1985년 단편동화집 『달맞이산 너머로 날아간 고등어』(햇빛출판사), 『벙어리 동찬이』(웅진출판), 연작동화집 『도토리 예배당 종지기 아저씨』(분도출판사), 장편소년소

설 『초가집이 있던 마을』(분도출판사)이 출간된다. 『초가집이 있던 마을』은 1978년 『소년』 1월호에 연재한 「초가삼간 우리 집」을 책으로 묶으며 고친 것이다.

『초가집이 있던 마을』 속 투박한 안동 사두리를 읽다 보면 안동에 사는 사람으로서 사투리의 느낌과 정서를 잘 읽을 수 있어 글을 읽으면서 신이 난다. 당시의 학교 모습도 생생하여 웃음이 난다.

뒷교사의 서쪽 첫 교실이 유준이네 4학년 1반이다.

앞교사의 교실은 6학년에서부터 한 칸씩 차지해 나와 4학년 2반까지만으로 차버렸다.

유준이네 교실 다음부터 세 칸은 3학년과 2학년이 오전 오후를 번갈아 2부 수업을 하고 있었다.

1학년은 그나마 교실이 모자라 상급 학년들이 체육 시간에 운동장에 나가면 그때마다 1시간씩 빌려 쓰고 있다.

1학년 꼬마들은 책보자기를 들고 이 교실 저 교실 시간마다 이사를 하느라 법석을 떨었다.

우화자 선생님네 1학년 2반이 다음에 6학년 1반 교실에 들어갈 차례였다.

아이들은 책보를 대충 들었다. 어떤 아이는 양철필통이 덜 여미어진 책보 귀퉁이로 스르르 미끄러져 떨어진다. 그걸 줍느라고 엎드리면 다음엔 공책이 떨어지고, 공책을 주우려 들면 껴안았던 책보가 한꺼번에 풀려 바닥에 쏟아진다.

이렇게 복도를 줄지어 걸어가면서, 필통이 떨어지는 소리, 책보 흘리는 소리로 소란을 피워야 한다.

6학년 1반은 쉬는 종이 울렸는데도 아직 공부가 계속되고 있다.

아이들은 교실문 앞에 빼곡이 붙어서서 기다린다.

마치고 나오면 서로 먼저 들어가 좋은 자리를 차지하려고 다투는 것이다.

금동이와 종갑이도 서로 손을 꼭 잡고 아이들 틈에 끼여 있다.

"젤 앞에 같이 앉재이?"

"응야."

"니캉 내캉 만날 같이 앉재이?"

"응야."

금동이는 잡은 손에 힘을 준다.

굳은 약속이다.

이윽고 6학년의 수업이 끝난 모양이다.

책상 위를 걷어 치우는 소리가 나더니 곧이어 교실문이 열렸다.

"와왓!"

맨 앞에 선 6학년 남학생은 교실을 나오려다 기겁을 했다. 조무래기들이 다리 사이를 비집고 들어가려 했기 때문이다.

"비키라! 비키라!"

"야아들아, 쫌 쫌 쫌 …."

꼬마들은 조금도 양보하지 않는다.

벌써 사타구니 밑으로, 혹은 겨드랑이 틈바구니 사이로 빠져 들어가 자리 맡기에 눈이 빙빙 돌아간다.

"임마, 내 자리에 앉지 마! 또 오줌 쌀래?"

뒤통수에 흉터가 돈짝처럼 반질반질한 지호한테 백두산처럼 높다란 코쟁이 6학년생 하나가 눈을 부릅떴다.

지호는 찔끔 놀랐다.

책보를 껴안은 채 눈을 힘껏 치떴다.

그러고는 몸을 두어 번 흔든다.

"안 쌌구마."

졸아들어 목소리가 겨우 나온다.

"안 쌌구마 말만 하면 되나? 참말로 안 싸야제."

"참말잇다."

지호는 걸상을 꽉 잡고 기어코 놓지 않을 것 같다.

6학년생은 할 수 없다는 듯,

"싸기만 또 해 봐라."

벼르고, 이윽고 교실을 나갔다.

"여기다 누가 칼로 호비팠노?"

창문 쪽에서 누군가 또 소리 지른다.

"주야가 그랬어. 쨱끼칼(잭나이프) 가지고."

수복이가 대뜸 일러바쳤다.

석주가 조그맣게 겁먹은 채, 교실을 들어오다가 주춤 서 있다.

"임마, 책상 베렀다. 어얄래?"

풀을 빠닥하게 갓 먹인 명베적삼을 입은 6학년생은 옆구리에 양손을 짚고 섰다.

"복이도 같이 그랬어, 뭐."

벌써 석주 눈에 빙글빙글 눈물이 고인다.

"둘이서 같이 그래 놓고 일러바치나."

6학년생이 수복이를 돌아보고 소리치자, 수복인 찔끔 놀란다.

> "나는 쪼매밖에 안 팠다. 주야가 많이 팠어."
>
> 수복인,
>
> "애앵."
>
> 사이렌처럼 울음이 터졌다.
>
> "울만 최고라. 책상을 마음대로 호비파면 되나?"
>
> 6학년생의 목소리가 조금 누그러졌다.
>
> "내 잉끼(잉크) 누가 쏟았노? 어이!"
>
> 『초가집이 있던 마을』 24-27쪽

『한티재 하늘』도 마찬가지다. 아쉽게 2권으로 미완성작이 되었지만, 안동 사투리가 살아있는 작품을 이렇게 만나는 것은 앞으로도 쉽지 않을 것 같다.

1986년 11월에 『오물덩이처럼 딩굴면서』(종로서적)을 펴낸다. 동화, 동시, 소설, 동극, 수상, 수기, 편지들과 권정생의 문학과 삶, 독자편지들을 모아 엮은 것이다. 1987년 3월부터 1989년 1월호까지 소년소설 『점득이네』를 연재하고, 1990년에 창비에서 단행본을 펴낸다.

『몽실 언니』가 책으로 나오고 나서 한번은 아랫마을 할머니들이 찾아왔다고 한다. 할머니들은 몽실 언니를 이틀 밤을 함께 읽었다고 한다. 한 할머니가 소리 내어 읽고 다른 할머니들은 듣고, 그렇게 읽은 다음 찾아와서, 몽실이 같은 책이 또 없느냐고 물었다고 한다. 아무리 둘러봐도 마땅한 책이 없고, 어른들의 소설은 너무 어렵고 아이들이 읽는 동화책은 할머니들한테는 맞지 않아, 그래서 비슷한 책을 써 보기로 한 것이 『점득이네』였다고 한다.

『점득이네』는 6.25전쟁이라는 현대사의 가장 민감한 대목을 생생한 인물과 더불어 그려 나간 작품이며, 『몽실 언니』, 『초가집이 있던 마을』과 함께 아동문학에 대한 일반인의 인식을 바꿔놓은 '6.25 소년소설 3부작'이라고 볼 수 있다.

 해방을 맞게 된 그해 겨울, 만주에서 고향을 찾아오다 아버지를 소련군에게 잃은 점득이네, 아버지가 징용에 끌려가 돌아오지 않는 판순이네, 그리고 사랑하는 형이 빨갱이가 되어 집을 나가 버리고 어머니는 병을 앓고 있는 승기네, 기생의 몸으로 그래도 착하게 살려고 애쓰는 탄실이가 살고 있는 모과나무골, 6.25를 거쳐 1953년 분단에 이르기까지 피난민들의 고초를 담은 이야기이다.

 1988년 51세에 시집 『어머니 사시는 그 나라에는』(지식산업사)과 단편동화집 『바닷가 아이들』(창비)을 펴낸다. 시집에는 「어머니 사시는 그 나라에는」이라는 장편시를 비롯하여 주로 80년대에 쓴 시가 수록되어 있고, 50, 60년대에 쓴 시 몇 편과 초등학교 시절에 쓴 「강냉이」가 수록되어 있다.

 1989년 『새가정』 7, 8월호에 동화 「수박밭에 떨어지신 하나님」을 발표하고, 1991년 12월까지 2년 반 동안 27회를 연재한 이 동화는 1994년 장편동화 『하느님이 우리 옆집에 살고 있네요』(산하)로 출판이 된다. 우연히 윤서방네 수박밭에 떨어진 하느님과 예수님이 세상 사람들과 생활하며 겪는 애환과 에피소드를 간결한 문체로 그린 장편이다. 땅 위에서 하룻밤을 지내며 점쟁이를 찾아가고, 청소부로 취직하기도 하며 겪는 세상살이를 재미있게 그렸다.

 1995년에 『하느님이 우리 옆집에 살고 있네요』로 새싹회 제정 제22회 새싹문학상 수상자로 결정된다. 권정생은 '우리 아동문학이 과연 어린이들을 위해 무엇을 했기에 이런 상을 주고받습니까? 아동문학만이라도 상을 없애야 합니다.'하고 수상을 거절했으나 문단 원로들이 안동까지 직접 와서 상을 준다. 그러나 다음 날 상금과 상패를 우편으로 되돌려 보낸다.

1994년 3월 권정생은 최완택 목사의 「민들레교회 이야기」에 삼밭골 이야기인 「한티재 하늘」을 연재하기 시작한다. 「한티재 하늘」의 시대적 배경은 일제 강점기이다. 몸이 힘들어 어려움이 많았으나 약 2년에 걸친 연재를 마치고, 단행본 『한티재 하늘』이 1998년 두 권으로 출간된다. 글 서문에서 어머니가 오랜 세월에 걸쳐 들려주신 이야기의 흔적을 찾아 1970년 중반부터 청송 칠배골, 사구지미 고갯길, 일월산, 울진 바닷가, 영양 다래골을 다녔

한티재 하늘 1

다고 밝혔다. 건강이 허락한다면 4부 10권까지 펴내고 싶다던 권정생의 소망은 끝내 이루어지지 못했다.

1996년 그림책 『강아지똥』(정승각 그림, 길벗어린이), 1997년 그림책 『오소리네 집 꽃밭』(정승각 그림, 길벗어린이)를 펴낸다. 『야곱의 우물』 1998년 2월호부터 1999년 4월호까지 「밥데기 죽데기」를 연재하고, 1999년에 바오로딸에서 출간한다.

강아지똥   오소리네 집 꽃밭

2000년 『우리 말과 삶을 가꾸는 글쓰기』 2월호에 「우리 옛 어린이들」, 4월호에 「걱정스런 교실 안」, 6월호에 「그저께 시내 장터에서」, 9월호에 「쪽저고리와 잇저고리」, 11월호에 「말을 만드는 사람들」을 발표한다. 2001년 『녹색평론』 5, 6월호에 산문 「분난 50년의 양심」, 11, 12월호에 산문 「제발 그만 죽이십시오」를 발표한다. 동화집 『비나리 달이네 집』(낮은산)을 펴내고, 그림책 『황소 아저씨』(정승각 그림, 길벗어린이), 2002년 장편동화 『슬픈 나막신』을 펴낸다.

2003년 「강아지똥」이 클레이 애니메이션으로 나오고, 도쿄 국제애니메이션 파일럿 부문에서 'Doggy Poo'라는 영어이름으로 출품하여 최우수 작품상을 받는다.

일직 골프장 건설을 반대하며 「안동 시민 여러분께」란 글을 쓰기도 한다.
아동문학가이자 교육자인 이오덕, 『혼자만 잘 살믄 무슨 재민겨』의 저자 전우익과 권정생은 생전에 친하게 지냈다. 지금도 하늘에서 때로는 진지하게 때로는 다정하게 또 때로는 평소처럼 투닥투닥 다투고 있을지도 모를 일이다.

왼쪽부터 전우익, 권정생, 이오덕

클레이 에니매이션 'Doggy Poo'로
재탄생한 『강아지똥』

2005년 5월 1일, 2007년 3월 31일에 유언장을 미리 쓴다. 최완택 민들레교회 목사, 정호경 신부, 박연철 변호사에게 저작물 관리를 부탁한다.

〈중략〉

내가 쓴 모든 책은 주로 어린이들이 사서 읽는 것이니 여기서 나오는 인세는 어린이들에게 돌려주는 것이 마땅하다.

유언장치고는 형식도 제대로 못 갖췄고 횡설수설했지만 이것은 나 권정생이 쓴 것이 분명하다. 죽으면 아픈 것도 슬픈 것도 외로운 것도 끝이다. 웃는 것도 화내는 것도. 그러니 용감하게 죽겠다.

제 예금통장 다 정리되면 나머지는 북측 굶주리는 아이들에게 보내주세요. 제발 그만 싸우고, 그만 미워하고 따뜻하게 통일이 되어 함께 살도록 해주십시오. 중동, 아프리카, 그리고 티벳 아이들은 앞으로 어떻게 하지요. 기도 많이 해주세요.

2007년 3월 31일에 정호경 신부님께 쓴 유언장의 일부

나의 동화는 슬프다. 그러나 절대 절망적인 것은 없다

일제 강점기, 해방 그리고 6.25전쟁 등을 체험하면서도 어느 한 쪽의 이념이나 사상에 치우치지 않고, 왜곡된 역사 인식과 시대 의식을 작품에 담아냈다는 평가를 받고 있는 권정생.

동화, 옛이야기, 동시, 산문, 기고문 등 장르를 자유롭게 넘나들며 작품 활동을 했고, 1969년 제1회 기독교 아동문학상, 1975년 제1회 한국아동문학상, 1995년 제22회 새싹문학상을 수상하였다. 수상의 기회가 많았으나, 수상을 사양하거나 도로 반납하는 경우가 많았고, 시상식장에 꾸밈없는 소박한 차림으로 등장하여 많은 사람을 부끄럽게 하기도 하였다.

> 나의 동화는 슬프다. 그러나 절대 절망적인 것은 없다.
> 어른들에게도 읽히게 된 것은 아마 한국인이면 누구나 체험한 고난을 주제로 썼기 때문일 것이다.
> 흔히 동화에다 무리한 설교조의 교훈을 담고 있는 것이 있는데, 과연 그런 동화가 우리 인간에게 얼마만큼 유익한지 알수 없다. 인간이 인간다워질 수 있는 것은 훈시나 설교가 아니다. 고도로 발달된 과학 문명 속의 인간보다 잘 보존된 자연 속의 인간이 훨씬 인간답다.
> 설교를 듣는 것보다 한 권의 도덕 교과서를 보는 것보다 푸른 하늘과 별과 그리고 나무와 들꽃을 바라보는 것이 훨씬 유익하다.
> 『빌뱅이 언덕』「나의 동화이야기」 17쪽

2007년 5월 17일 선생님이 떠나셨다.

빌뱅이 언덕 아래 흙집에는 여전히 사람들이 많이 찾아온다. 선생님의 유골을 뿌렸던 빌뱅이 언덕에 올라가 선생님의 숨결을 느껴 보기도 한다. 글을 읽고 감동을 받은 이들이 작고 소박한 집을 둘러보고 간다. 비록 선생님은 모든 것을 흙으로 돌려보내기를 원하셨지만.

선생님이 살던 집 마당을 지키는 여름의 무성한 풀 사이를 먹구렁이가 스르르 지나간다. 모든 것은 태어나고 자라고 헤어진다고. 세상은 기쁘고 즐겁고, 슬프고 무서운 것이라고. 감나무 잎사귀처럼, 밀짚잠자리처럼. 그렇게 자연처럼 살다가 헤어질 일이다. (글. 백설아)

기워 신던 고무신

작가 권정생

비료 포대로 만든 부채

※ 이 글은 산문집 빌뱅이 언덕과 아름다운 사람 권정생, 작은 사람 권정생을 중심으로 재구성한 글입니다.

2장
권정생 작품 읽기 수업

권정생 작품 읽기, 어떻게 할까?

독서 수업의 여러 가지 방법

권정생 작품 읽기의 시작

5·6학년

당당하고 굳센 그녀 「몽실 언니」

선생님, 그곳에 계시나요? 「랑랑별 때때롱」

깨닫지 못했던 소중함 찾기 「오소리네 집 꽃밭」

3·4학년

먹구렁이야, 정말 미안해 「먹구렁이 기차」

소중한 사람 아이 「새해 아기」

세상의 모든 존재는 가치 있다 「강아지똥」

달빛같이 환하게 빛나는 희망과 기쁨을 이야기한다 「사과나무밭 달님」

말하는 강아지 달이가 살고 있는 비나리로 가봐요 「비나리 달이네 집」

비교하지 말고 나답게 「아름다운 까마귀 나라」

1·2학년

길에서 만난 인연들 「길로 길로 가다가」

이담에 나도 콩이가 힘든 일이 있으면 도와줘야지 「물렁감」

‖ 권정생 작품 읽기, 어떻게 할까?

책을 좋아하게 되는 일의 중요함

우리는 아이들이 책을 좋아하고 책을 즐겁게 읽는 시간을 꿈꾼다. 자신이 좋아하는 책을 골라 읽고, 책 내용에 대하여 자신의 생각을 말하며, 다른 사람의 생각을 존중하며 들을 수 있는 아이들이 되기를 꿈꾼다. 이런 시간이 쌓이면 지혜로운 사람이 되고 훌륭한 시민이 될 수 있다고 믿기 때문이다.

동시대를 살아가는 우리 모두가 각자의 언어로 서로를 존중하며 살아가는 일, 그 기반은 책을 좋아하는 일에 있을 것이다.

어휘력이 폭발적으로 늘어나는 초등학교 시기의 책 읽기는 매우 중요하다. 학습 활동이 주로 이루어지는 기간 동안 아이들은 다양한 영상 자료, 청각 자료도 수업 자료로 사용이 되지만 교과서와 책을 통한 정보의 입력이 단연 높다.

글을 바르게 읽고 생각하고 이해하고 분석하는 국어력이 뒷받침되지 않으면 다른 교과 학습을 잘하기란 어렵다. 지문을 이해하지 못하여 문제 풀이를 잘 못하는 경우를 종종 본다.

굳이 학습 성취도의 사례를 들지 않더라도 평생 배움의 시대를 살고 있는 지금의 세대는 더욱 삶의 지혜를 얻는 통로로서 책 읽기의 습관화가 중요하고 그 기초를 초등학교에서 잘 닦아두어야 한다.

'온작품 읽기' '한 학기 한 권 읽기' '독서 단원'

 교과서에 좋은 글이 많이 실려 있지만 지면의 한계로 작품의 일부만 실린 경우가 많다. 작품은 전체를 읽어야 맥락의 온전한 이해가 가능하다.

 그동안 아이들이 책을 좋아하고 많이 읽을 수 있는 다양한 교육 방법을 학교에서 시도하고 실천하고 있었지만, 수업 중에 책을 읽을 수 있는 시간을 확보한 일은 획기적이고 고무적인 일이다. 교과서를 읽는 것 이외에는 아침 활동 시간, 창의적 체험활동 시간을 활용하여 책 읽기 지도가 이루어졌다.

2015 개정 교육과정의 '한 학기 한 권 읽기'는 한 학기에 적어도 한 권의 책을 온전히 읽어보는 것이다. 이 '한 학기 한 권 읽기'가 국어 교과서의 특화 단원 '독서 단원'으로 구현되었다. 하나의 작품을 처음부터 끝까지 온전히 읽어보는 '온작품 읽기'를 '독서 단원'을 통하여 국어 수업 중에 하거나 다른 교과와 연계하여 실천해도 좋을 것이다.

 국어 교과의 '독서 단원'으로 제시되는 '한 학기 한 권 읽기' 수업은 국어 수업 시간 중에 3–4학년은 8시간 이상, 5–6학년은 10시간 이상 확보하도록 되어 있다. 어떤 책을 선정하느냐, 어떤 활동을 계획하느냐에 따라 훨씬 더 많은 시간이 필요할 수도 있다. 학년성에 맞는 줄글 책을 선정하면 통상 아마도 기준 시간보다 더 많은 시간이 필요하다. 다인수 학급에서 개개인의 요구에 맞는 책을 선정해서 함께 이야기를 나누기란 쉽지가 않다. 초등학생이고 함께하는 활동이니만큼 학년성에 맞는 줄글의 책을 골라 책 읽기 지도를 하면서 완독하는 성취감을 느끼고 다른 책을 읽고 싶은 확장성으로 연결하면 좋을 것이다. 재미있게 책을 읽는 경험이 쌓이면 아이들은 책을 더 좋아하게 된다.

권정생 작품 읽기

초등학교 공부는 책 읽기가 전부이다. 책 읽기는 아이들이 이해할 수 있는 이야기책부터 시작이 된다. 아이들이 읽는 이야기는 현실과 상상을 넘나들며 '어떻게 살아야 하나?' '어떤 사람이 되어야 하나?' 생각하게 하는 삶과 꿈의 좌표 역할을 한다.

권정생 작품은 사람과 삶을 따뜻한 눈으로 바라보고 있다. 생명, 이념, 평화와 같은 묵직한 주제 의식은 물론 이웃에 대한 사랑, 희생, 연대 의식은 우리가 어떻게 살아야 하는지에 대한 통찰의 시간을 갖게 한다. 생생하게 살아있는 아름다운 우리말, 경상도 지역의 사투리도 만날 수 있다. 무엇보다 우리의 정서에 맞는 감동적인 작품으로 좋은 책을 찾는 이에게 더없이 좋은 독서의 기회가 된다. 고학년은 작품을 수용적으로만 읽을 것이 아니라 작품이 갖는 시대적인 한계를 인식하며 비판적인 책 읽기를 하는 것도 좋다. 권정생 작품을 매개로 책 읽는 시간이 더욱 풍성하고 행복했으면 좋겠다.

‖ 독서 수업의 여러 가지 방법

독서 수업은 읽고 싶은 책을 정하여 읽고 서로의 생각을 다양한 방법으로 나눈다. 이 과정은 '독서 준비 – 독서 – 독서 후 단계'로 이루어진다.

독서 준비 단계는 '읽고 싶은 책 정하기'와 '읽기 전 활동하기'로 나눌 수 있다.

'읽고 싶은 책 정하기'는 아이들이 책에 대한 흥미를 높이기 위한 준비 단계이다. 독서 습관이 형성되지 않은 아이들은 어떤 책을 골라야 하는지부터 어려움을 느낀다. 독서를 매개로 아이들과 이야기를 나누는 것을 염두에 둘 때에 교사가 아이들이 몇 권의 책 중에서 고르는 것만으로도 자신이 읽고 싶은 책을 선택했다는 느낌을 가질 수 있다.

독서 준비 단계(읽고 싶은 책 정하기)

읽고 싶은 책 정하기 1	교실 뒤에 책을 전시해둔다. • 예시1: 문학도서 5권, 비문학도서 5권 • 예시2: 5학년 수준 5권, 4학년 수준 5권, 3학년 수준 5권 1-2주의 시간을 주고 아이들이 살펴볼 시간을 준다. 아이들이 가장 흥미를 느끼는 책을 정한다.
읽고 싶은 책 정하기 2	학년성에 맞는 좋은 책 후보 3권을 골라 제시하고 가장 많은 표를 얻은 책으로 정한다.

독서 준비 단계(읽기 전 활동하기)

표지 보며 내용 예측하기	표지의 제목과 그림을 보며 예상되는 내용을 이야기 나누기
표지 보며 정보 알고 내용 짐작하기	작가와 출판사를 살펴보며 내용을 짐작하기
표지 그림을 보면서 문장 만들기	표지의 그림을 자세히 관찰하기 위하여 그림을 보며 한 문장 만들기 활동하기

지우개 지우기	책 속에 나올 것 같은 낱말 고르기
제목이나 그림 맞히기	제목이나 그림의 일부를 가리고 제목이나 그림 맞히기

 독서 단계와 독서 후 단계의 활동은 책을 읽으면서, 혹은 책을 다 읽은 후에 할 수 있는 활동이므로 상황에 따라 비슷한 활동이 많다. 긴 줄글을 읽을 때에는 특히 그렇다. 어떤 책을 어떻게 읽느냐에 따라 독서 단계 중의 활동이 독서 후 활동으로 적합할 때도 있고, 독서 후 활동이 독서 단계에도 적합한 활동이 될 수 있다.

 독서 수업을 할 때 자칫 책은 각자 읽어오고 활동만 교실에서 같이 하는 경우가 있다. 중요한 것은 '읽기'다. 모든 아이들이 독서에 대한 높은 흥미를 지니고 있다면 가능하겠지만 대체로 그렇지 못한 아이들도 많다. 학교에서 소리내어 읽는 활동이 가장 중요하다. 소리내어 읽는 '읽기'와, 내용을 이해하며 읽는 '읽기'를 전제로 다음 단계로 나아가는 것이 맞다.

독서 단계

비슷한 경험 떠올리기	책 속 등장 인물이 겪은 일과 비슷한 경험 나누기
공감되는 부분 찾기	등장 인물의 마음과 공감되는 일 나누기
모르는 낱말 찾기	책 속의 맥락으로도 이해하기 어려운 낱말 뜻 찾기
국어사전 활용 책 읽기	인터넷 사전과 종이 사전을 상황에 맞게 활용하며 책 읽기
낱말 비빔밥	책 속의 핵심 낱말을 중심으로 낱말 비빔밥 만들기
씽킹맵 그리기	책 속 내용을 씽킹맵으로 그리기
인상 깊은 장면 찾기	인상 깊은 장면 찾아 줄 긋기 인상 깊은 장면 그림 그리기 인상 깊은 장면 이야기 나누기
감동 깊은 장면 찾기	감동을 받은 부분을 찾아 줄을 긋거나 이야기 나누기
책갈피 만들기	책 속 인상 깊은 문장을 책갈피로 만들기 부채, 머그컵 등 생활용품 만들기와 연계하여 활동하기

독서 토론하기	논제를 정하여 독서 토론하기, 신호등 토론하기, 찬반 토론하기 등
질문 만들기	책 속 내용으로 질문 만들고 서로 묻고 답하기
상장 주기	책 속 등장 인물 중에서 상장을 주기
인물 관계도 그리기	주인공을 중심으로 등장 인물 관계도 그리기
연대기 만들기	사건의 흐름을 중심으로 연표나 연대기 만들기
지도 그리기	이야기의 장소를 중심으로 지도 그리기
핫시팅	등장 인물 중 한 명을 설정하여 여러 가지 질문하기
편지 쓰기	등장 인물에게 편지 쓰기

독서 후 단계

필사하기	좋은 문장을 골라서 똑같이 따라 쓰기 저학년은 정해진 문장을 같이 쓸 수 있고, 고학년은 자신이 감동을 받은 문장을 각자 찾아 쓸 수 있다.
별 점 주기	별 다섯 개를 만점으로 하여 별 주기
서평 쓰기	책을 비평하는 글 쓰기(고학년 중심)
책 띠지 만들기	책을 광고하는 내용을 넣어서 책 띠지 만들기
작가에게 편지 쓰기	작가에게 책을 읽고 느낀 점을 중심으로 편지 쓰기
줄거리 쓰기	줄거리를 일정한 분량으로 요약하여 쓰기 10문장 혹은 5문장 이내로 요약하기
한 줄 평 쓰기	한 줄 평으로 책의 내용을 요약하기 (한 문장 쓰기 활동으로 하여도 좋다.)
골든벨	책 속 내용으로 문제를 만들어 골든벨 게임하기
독후감 쓰기	생각과 느낌을 중심으로 독후감상문 쓰기
뒷이야기 쓰기	이야기의 뒷이야기를 이어서 쓰기

║ 권정생 작품 읽기의 시작

도토리교사독서교육연구회와 권정생

　권정생 선생님의 작품은 널리 알려져 있다. 대표적인 작품으로 『몽실 언니』『강아지똥』『엄마 까투리』가 있다. 『몽실 언니』는 1990년에 TV드라마로도 만들어져 방영된 적이 있다. 『강아지똥』과 『훨훨 간다』는 교과서에도 수록되고, 『강아지똥』『엄마 까투리』는 애니메이션으로도 널리 알려져 있다. 『엄마 까투리』는 이제 안동의 캐릭터이기도 하다.

　도토리교사독서연구회에서는 2012년에 '권정생 깊이 읽기'를 시작하였다. 권정생 선생님의 작품이 주는 감동을 수업 속에 녹여보고 싶었다. 문학적 성취를 이야기한 책은 많이 있어도 수업을 어떻게 할 것인지에 대한 내용이 담긴 책은 많이 찾을 수가 없었다. 아이들과 작품을 함께 읽으면 어떤 이야기가 나올 것인지, 아이들은 어떻게 받아들일지 참으로 설레었다.

나의 소망 몽실 언니 수업하기

　'몽실 언니' 수업은 '언젠가' 하고 싶은 수업이었다.
김 선생님은 이미 오래 전에 『몽실 언니』수업을 했다. 특별한 프로젝트 수업은 아니다. 국어 수업 시간에 『몽실 언니』를 직접 읽어주기만 하였다. 당시 6학년이던 아이들에게 약 2주에 걸쳐서 하루 한 시간 혹은 두 시간씩 몽실 언니를 읽어주었다. 목이 아플 때도 많았다. 한번은 책을 읽다가 그만 감정에 북받쳐 선생님도 아이들도 함께 울었다.

　나는 수업 중에 '같이 울었다.'는 그 경험이 몹시 부러웠다. 아이들과 수업을 해보고 싶다는 소망은 그렇게 세월과 함께 빠르게 흘러갔다. 몽실 언니 수업에 대한 소망도 10년을 훌쩍 넘었다. 이제나저제나 언제 수업을 해보려나 수업의 기회를 찾지 못하고 있던 차에 '책 읽는 맘'(2015-2018년 4년간 꾸렸던 학부모 독서모임)에서 몽실 언니를 읽어보기로 했다.

어느 여름날 혼자 방 안에서 몽실 언니를 읽으며 기어코 다시 눈물을 쏟았다. 돌이켜보니 몽실의 삶이 마음 아팠는지 내 삶이 서럽고 고되었는지 이유를 찾기는 어렵다. 책 모임을 하는 어머니들도 집에서 읽다가 울었다는 고백을 하였다. 가난한 그 시절을 경험한 사람들이라면 모두가 공감하는 이야기이지만, 문화도 삶도 많이 바뀌어버린 오늘날 우리 아이들은 어떻게 생각하고 받아들일까 다시 궁금해졌다.

일단 시작하기

『몽실 언니』는 총 23장으로 나누어져 있다. 한 시간에 한 장을 읽으면 최소 23시간이 걸린다. 초등학교 수업 시간이 40분이다. 한 장을 읽는데 걸리는 시간은 15분에서 25분이 걸린다. 혼자 조용히 읽으면 몇 시간이면 읽겠지만, 교실에서는 20-30명 가까운 아이들이 함께 가야 하니 시간이 더 걸린다. 글을 읽고, 내용을 이해하고, 이야기를 나누면 한 차시에 한 장을 읽기에도 시간이 빠듯하다.

성취 기준을 살펴보며 국어과의 다른 단원과 연계하거나 문학 영역과 통합하여 수업을 하면 더 여유로울 것 같다. 평화 프로젝트, 역사 프로젝트 등 주제에 따라 다른 교과와도 연계하여 독서 단원 10시간 이상을 확보하면 아마 더 만족스러운 책 읽기 시간이 될 것이다.

아이들과 『몽실 언니』를 읽고 싶은데 몇 가지 여건들이 좋지 않았다. 더 많은 준비를 하기 위해 토요일 하루 동안 〈하루 종일 책 읽기 수업〉을 기획하였다.

하루 종일 책 읽기

〈하루 종일 책 읽기〉는 말 그대로 하루 종일 책을 읽는 것이다. 책은 『몽실 언니』를 안내하고, 희망하는 아이들을 모으니 9명이었다. 아이들은 책을 읽고 싶어 신청하기도 했지만 친구가 신청하니 친구와 놀고 싶어서 신청하기도 했다. 이유야 어떻든 하루 종일 책 읽기를 도전하는 그 마음 자체가 기특하게 여겨졌다.

토요일에 아이들을 만나기 위해서는 학부모님의 동의, 교장 선생님의 허락이 필요하다. 취지를 이야기하면 대부분의 교장 선생님은 기꺼이 동의할 것이다. 학부모님의 동의는 안내장을 통하여 서면으로 받아두길 권한다.

행사를 추진할 때 아이들을 많이 모이게 하려면 좋은 점을 널리 홍보하면 된다. 어떤 재미있는 공부를 하는지를 알려주거나, 아이들이 좋아하는 책을 선물로 주는 등 참가하고 싶은 마음이 들도록 재미있게 준비를 하면 좋다. 하지만 많이 참여한다고 능사는 아니다. 자발적으로 참여한 행사는 대체로 성공적이다. 그 행사의 어려운 점까지 알고 참여하면 더욱 성공적이다.

아이들에게 하루 종일 책 읽기를 홍보하면서 장단점을 함께 이야기했다. 책을 하루 종일 읽는다는 것은 보통 일이 아니다. 도전 정신을 갖고 성공하고자 하는 의지를 가진 사람이 신청해보라는 말도 덧붙인다. 70명 6학년 중에서 9명이 신청하였다. 그냥 안내장만 내어 주고 희망서를 받는 것은 프로그램이 획기적인 것이 아닌 다음에는 참가자가 적을 확률이 높다. 요즘 아이들 정말 바쁘다. 이미 한 달 전에 가족 행사며 다른 약속이 많을 것이다.

오전에는 교실에서 책을 읽고, 식사 후 오후에는 학교 옆 도서관의 한 장소를 빌려 사용하기로 했다.

시간	내용	장소
9:00-12:00	몽실 언니 읽기	교실
12:00-13:00	점심, 휴식	학교 근처 식당
13:00-16:00	몽실 언니 읽기	학교 옆 도서관

교실에 모여 책을 읽기 시작했다. 1장은 내가 읽어주고 2장은 소리 내어 돌아가며 읽었다. 1, 2장을 읽고 각자의 생각과 느낌을 짧게 나누었다. 잘 모르는 낱말을 이야기하기도 했다.

3장부터는 묵독으로 읽었다. 이때부터 아이들마다 책을 읽는 속도가 달라졌다. 한 시간 정도 읽은 후 잠시 멈추고 읽은 부분에 대한 내용을 물어보고, 이야기를 나누어 보고 계속 읽어나갔다. 아이들은 내용을 이해했는지 묻기가 미안할 정도로 몰입해서 읽었다. 잠시 쉬는 시간을 갖고 스트레칭도 하고 읽는 것을 멈추고 이야기를 나누었다. 물어보면 곧잘 대답하였다. 결국 아침 9시에서 12시까지 한 번 쉬고 내리 책을 읽은 셈이 되었다.

점심시간이 되어 점심을 먹고 난 후부터는 집중력이 눈에 띄게 낮아졌다. 학교 옆 도서관의 공간을 빌려서 오후에 책을 계속 읽었다. 조용히 책장만 넘어가는데, 약 3시 무렵이 되니까 책을 한 명 두 명씩 덮기 시작하였다. 다 읽었다는 표시였다. 표정의 변화를 크게 느끼지 못하여 정말 읽었는지 책장만 넘긴 건지 내심 걱정이 되었다.

읽고 생각하거나 느낀 점을 돌아가며 말했다. '몽실'이 대단하게 느껴지고, 불쌍하다는 의견이 많았다. 읽으면서 모르는 낱말이 있냐고 물어보니 '식모살이'가 무엇인지 '화냥년'이 무엇인지 묻기도 하였다. 식모살이란 말을 처음 듣는다고 생각하니 사회의 변화를 새삼 느낄 수 있었다.

책을 읽고 난 후 각자가 내린 몽실에 대한 정의를 들어보았다.

> 몽실은 (역사 교과서)다.
> 몽실은 (불쌍)하다.
> 몽실은 (책임감이 강)하다.

6학년에게 추천할 만한 책인지 아이들의 생각을 물어보았다. 아이들은 읽어볼 만한 책이라고 이야기를 해주었다. 그렇다면 시도해 보아도 되겠다는 자신감이 생겼다. 교사마다 생각이 달랐기 때문에 고심이 컸다. 어떤 선생님은 6학년이 읽기에 흥미가 낮고 어렵다는 의견을 보인 반면 어떤 선생님은 정말 꼭 읽어보아야 할 좋은 책이라는 의견을 주었기 때문이다.

몽실 언니 책 준비

모든 아이들이 책 읽기를 좋아하면 좋은 책을 소개만 해주어도 된다. 책을 좋아하는 아이들은 많이 읽는다. 책을 좋아하는 아이들은 자신이 읽고 싶은 책을 스스로 찾아 읽는다. 책 읽기를 싫어하는 아이들, 책과 가깝지 않은 아이들은 책 읽기의 즐거움을 모른다. 책 읽기의 즐거움을 모르거나 좋은 독서 습관이 갖춰지지 않은 아이들이 한 권의 책을 온전히 읽고 이 경험을 통해 즐거움을 느낄 수 있게 해야 한다. 아무리 좋은 책도 과제로 읽어오라고 하는 것은 누군가에게는 부담감만 주고 책 읽는 즐거움과는 멀어질 수 있다. 그래서 교사의 읽어주기나 교실에서 함께 읽기가 지속적으로 이루어져야 한다.

물론 '한 학기 한 권 읽기'를 위해서 학교에서도 여분의 책을 준비한다. 우리 학교는 학급당 3-4학급이어서 대개 종당 5권씩 책을 구입한다. 인근의 작은 규모의 학교나 학급에서는 학교의 도서구입비로 책을 구입해주기도 한다. 그러나 나는 책을 직접 구입하면 훨씬 좋다고 생각한다. 여분의 책을 학교에서 준비하는 것은 가정에서 책을 사 줄 형편이 안 되거나 실수로 책을 가져오지 못한 학생을 배려하기 위함이다. 안내장을 통하여 각자 구입할 것을 독려하였다. 자신의 책을 준비하여 책을 읽는 것이 얼마나 좋은지 강조해서 알려주었다.

  내 책이 있으면 줄도 그을 수 있고 책 위에 내 생각을 쓸 수도 있다. 책을 사면 두고두고 읽을 수 있고, 돌려주어야 한다는 압박감도 들지 않는다. 실제로 아이들은 책을 빌려보는 경우보다 내 책을 가진 경우 여러번 반복해서 보기도 하였다. 내 책이라도 깨끗하게 보고 싶으면 포스트잇이나 포스트잇 플래그, 책갈피를 이용하여 적어두면 된다. 책 구입을 위하여 적어도 수업 3주 이전에는 안내장을 보내어 책을 미리 준비하는 시간을 주도록 한다. 책을 사보는 경험도 책을 가까이하는데 도움이 된다.

  하고 싶은 일은 해야 할 이유를 찾는다고 했던가?
  몽실 언니는 6학년이 읽어볼 만한 책이고, 특히 '한 학기 한 권 읽기' 취지에 맞다는 생각이 들었다. 언제 어디서라도 몽실 언니 수업을 할 수 있도록 한 학급분 30권을 구입하였다. 한 학급분의 책이 있으니 일단 마음이 든든해졌다.

5-6학년

당당하고 굳센 그녀
몽실 언니

『몽실 언니』
권정생 글, 이철수 그림, 창비

『몽실 언니』는 한국어린이문학의 역사를 새롭게 여는 분단 시대 최고의 역작이라는 평을 듣는다. 평범한 보통의 사람들이 한국전쟁 전후의 가난하고 고통스럽던 시기를 어떻게 살아내었는지 알 수 있는 생생한 삶의 기록이기도 하다.

몽실은 무거운 운명 속에서도 사람에 대한 믿음과 사랑, 책임을 잃지 않는다. 때로는 꿋꿋하게 때로는 용감하게 자신의 인생을 살아간다. 몽실은 버티며 살아내는 삶에 대한 경외감을 느끼게 한다. 작가 권정생 선생님이 몸이 아픈 중에도 용감하게 글을 쓰며 견뎌 내었듯이.

『몽실 언니』는 시대를 관통하는 인간에 대한 사랑과 헌신, 평화를 이야기한다. 몽실은 힘든 삶의 여정 속에 끝끝내 살아내는 인간의 모습이 얼마나 고귀한 것인가를 보여준다. 전쟁과 평화, 삶과 죽음, 가족과 이웃에 대하여 깊은 고민을 던져주는 몽실 언니, 당당하고 굳센 그녀를 만나보자.

책 내용 살펴보기

차례	내용
1장 아버지를 버리고 (14쪽)	1947년 봄, 몽실 엄마 밀양댁은 7살 몽실이를 데리고 살강 마을에서 도망을 간다. 아버지가 돈을 벌러 집을 나간 사이, 밀양댁은 댓골 새아버지 김씨네 집으로 간다.
2장 다리병신 (27쪽)	1년이 지나 밀양댁은 아들 영득이를 낳았다. 김씨와 할머니(김씨 어머니)는 처음과 달리 점점 몽실이를 달갑지 않게 여기고 영득이만 예뻐한다. 어느 날 몽실이 친아버지 정씨가 새아버지 김씨 집을 다녀가고 김씨와 밀양댁은 말다툼을 하게 되는데, 화가 난 김씨가 밀양댁과 몽실이를 밀어 넘어뜨린다. 다리를 심하게 다친 몽실은 병원도 못가고 절름발이가 된다.
3장 어머니와도 헤어지고 (30쪽)	고모가 찾아와 몽실이를 데리고 노루실로 온 친아버지에게 간다. 몽실은 엄마와 헤어진다.
4장 새어머니 북촌댁(50쪽)	아버지와 살게 된 9살 몽실은 새어머니 북촌댁을 만난다.
5장 까치바위골 할아버지(61쪽)	늦은 밤 공비를 막는 경비를 서는 아버지에게 몽실은 먹을 것을 가져다 주고, 북촌댁에게는 조금씩 마음을 연다.
6장 인생이라는 것(72쪽)	몽실은 야학에서 글 공부도 하고 '인생의 길'에 대한 이야기를 들은 후, 곰곰이 생각하는 아이가 되어 간다.
7장 새어머니의 슬픔 (84쪽)	새어머니 북촌댁은 아이를 가졌으나 몸이 갈수록 쇠약해지고 몽실에게 자신의 과거와 병을 알려준다. 가련한 북촌댁을 위해 몽실은 샛들 마을에서 머슴살이를 하는 아버지를 찾아가 양식을 얻어온다.
8장 동생 난남이 (96쪽)	전쟁이 나고 아버지는 싸움터로 불려간다. 북촌댁은 아기를 낳고 숨을 거둔다. 피난을 가기도 하고 갔다가 돌아오기도 하는 난리통에 몽실은 아기 난남이를 먹여 살리려고 갖은 고생을 한다.
9장 이상한 인민군 (107쪽)	공산군이 내려온 마을에는 사람들이 총에 맞아 죽기두 하는데, 어떤 인민군 청년은 위험을 무릅쓰고 몽실을 도와주기도 한다.
10장 착한 사람, 나쁜 사람 (119쪽)	배고픈 난남이를 위하여 인민군 여자는 먹을 것을 준다. 자신의 이익을 위해 만나면 적이지만 사람으로 만나면 착하게 사귈 수 있다는 것을 몽실은 생각하게 된다. 전쟁에 익숙해진 아이들이 전쟁 흉내를 내지만 몽실은 사람을 죽이는 건 인민을 위하는 게 아니라고 생각한다.
11장 꿈속의 두 어머니(133쪽)	어린 난남이를 혼자 힘으로 먹이고 재우며 업어 키우는 몽실은 꿈속에서 두 어머니를 만나는 슬픈 꿈을 꾼다.

| 12장
찾아간 개암나무골
(142쪽)	난남이를 업고 고모가 있는 개암나무골을 찾아갔으나 집은 불타서 없고 고모는 죽고 고모부는 북으로 끌려갔으며 아이들은 고아원에 갔다는 소식을 듣는다.
13장
난남이와 영순이
(155쪽) | 난남이를 업고 다시 엄마가 있는 댓골 마을로 간 몽실은 어머니를 반갑게 만났으나 마음이 편하지는 않다. 엄마는 영득이 동생 영순이를 낳았다. 난남이와 닷새 차이 나는 동생이었다. |
| 14장
다시 헤어진 어머니
(168쪽) | 1년이 지나 밀양댁은 농사일로 바쁘고 몽실은 난남이, 영순이, 영득이 셋을 보느라 바쁘다. 새아버지가 돌아오자 몽실은 다시 다른 집으로 간다. |
| 15장
검둥이 아기
(180쪽) | 몽실은 난남이를 데리고 최씨네 집에서 식모살이를 한다.
길가에 버려진 검둥이 아기에게 험한 짓을 하려는 사람들로부터 아기를 구해 안고 오던 몽실은 아기가 죽자 앓아 눕는다. |
| 16장
돌아온 아버지(192쪽) | 몽실은 네 살이 된 난남이와 최씨 집 아저씨, 아주머니 집에서 살면서 아버지를 기다린다. 읍내에서 꽃을 팔며 떳떳하게 사는 소녀를 만난다. |
| 17장
구걸하는 몽실이
(206쪽) | 아버지는 다리를 다쳐 부상을 당한 채 돌아왔고 몽실은 최씨 집을 떠나 노루실로 돌아왔다. 난남이를 굶기지 않으려 구걸하려는 몽실을 아버지가 때린다. 몽실은 어떤 일이 있어도 살아야 한다는 마음으로 음식을 얻어와 난남이와 아버지에게 준다. |
| 18장
영득이, 영순이
(218쪽) | 댓골 엄마가 아프다는 전보가 오지만 몽실이가 엄마에게 도착했을 때에 이미 엄마는 돌아가셨다.
밀양댁의 죽음 소식에 아버지도 눈물을 흘린다. |
| 19장
모두 모두 내 동생(230쪽) | 몽실은 댓골 영순이가 가여워 아버지 몰래 자주 보살폈으나 영득이와 영순이에게 새엄마가 생기고는 가지 않기로 한다. |
| 20장
자선 병원을 찾아서
(243쪽) | 난남이는 장골 할머니에게 맡기고 아버지 다리를 낫게 하기 위해 부산의 자선 병원으로 간다. 병원 앞에는 차례를 기다리는 사람들로 북적했고 몽실은 구걸을 해가며 아버지와 함께 진료 차례를 기다린다. |
| 21장
아버지의 죽음
(255쪽) | 길에서 줄 서 기다린 지 열엿새 되던 날 아버지 정씨는 숨을 거둔다.
몽실은 난남이를 데리고 노루실을 떠나 부산에서 알게 된 배근수 아저씨, 서금년 아줌마와 함께 살게 된다. |
| 22장
모두 다 떠나가고
(267쪽) | 노루실이 궁금하여 찾아간 몽실은 영득이와 영순이 이사했다는 것을 알게 된다. 금년이네 집으로 돌아온 몽실은 난남이를 부잣집 양녀로 보내게 된다. 난남이는 철없이 좋아한다. 몽실은 혼자 남게 된다. |
| 23장
가파른 고갯길
(279쪽) | 30년의 세월이 흘렀다. 몽실은 시장에서 콩나물을 판다. 구두 수선장이 꼽추 남편과 결혼하여 기덕, 기복 남매의 어머니가 되었다. 영순이, 영득이와 안부를 전하며 살고, 결핵 요양원에 있는 난남이도 만난다. |

활동 내용

[6국01-06] 드러나지 않거나 생략된 내용을 추론하며 듣는다.
[6국05-05] 작품에 대한 이해와 감상을 바탕으로 다른 사람과 적극적으로 소통한다.
[6국01-03] 절차와 규칙을 지키고 근거를 제시하며 토론한다.
[6국02-06] 자신의 읽기 습관을 점검하며 스스로 글을 찾아 읽는 태도를 지닌다.

단계	차시	활동 요소	활동 내용
독서 전	1	책 만나기	표지보며 예상하기 작가 소개 읽기 방법 및 계획 안내
독서	2	인물의 마음 알기	1장 읽기 인물의 마음 알기 질문 만들기
	3	인상 깊은 부분 찾기	2장 읽기 인상 깊은 부분 정리하기 3-5장 혼자 읽기
	4	좋은 문장 찾기	6장 읽기 돌아가며 읽기 좋은 문장 찾기
	5	혼자 읽기	7장 읽기 내용 이해하기 8-10장 혼자 읽기
	6	줄거리 요약하기	한 문장 요약하기(1-10장) 몽실 언니 연대기 작성하기
	7	전쟁이란 무엇인가?	11-12장 읽기 내용 이해 퀴즈 전쟁에 대한 생각 나누기
	8	혼자 읽기	몽실 언니 연대기 작성하기 13-16장 혼자 읽기
	9	내가 몽실이라면?	17장 읽기 내가 만약 몽실이라면? 18-22장 혼사 읽기
	10	몽실 연대기 작성	23장 읽기 토의 토론하기 몽실 언니 연대기 완성
독서 후	11	편지 쓰기	인물 관계도 핫시팅 편지 쓰기
	12	정리하기	몽실이는 (　　)다 감동 받은 문장 독서 습관 돌아보기

1차시 수업 풍경(40분)

수업 주제: 표지 보며 내용 예상하기
성취 기준: [6국05-05] 작품에 대한 이해와 감상을 바탕으로 다른 사람과 적극적으로 소통한다.
준비물: 『몽실 언니』책, 스크랩북, 네임펜, 사인펜이나 색연필, 필기구

표지 보며 이야기 나누기

표지를 보면서 작가와 출판사를 알아본다. 교사가 질문하고 아이들이 표지를 보면서 대답을 하는 일반적인 수업 방법도 있고, 표지를 보면서 예상하기 부분을 〈문장 만들기〉나 〈질문 만들기〉 활동으로 자세하게 이야기를 나눌 수도 있다.

- 작가는 누구인가요?
- 권정생 선생님의 작품에는 어떤 것이 있을까요?
- 출판사는 어디인가요?

아이들과 표지를 보면서 어떤 이야기가 예상되는지 이야기를 나누어본다. 재미있을 것 같다고 예상하는 학생이 2/3 정도로 절반이 훌쩍 넘는다. 책 제목과 표지의 그림 등을 보면서 어떤 이야기가 예상되는지 돌아가며 이야기를 해본다.

- 전쟁 중에 부모님이 돌아가신 이야기 같다.
- 아버지가 아파서 몽실이가 동생을 보살피는 것 같다.
- 몽실 언니가 강할 것 같다.
- 몽실 언니가 아이들을 돌보는 이야기 같다.
- 몽실 언니가 동생을 돌보는 것 같다.
- 몽실 언니의 성장 스토리 같다.

작가 소개

작가를 소개한다. 『강아지똥』, 『엄마 까투리』, 『오소리네 집 꽃밭』과 같은 그림책은 아이들이 모두 접해 본 책이다. 작가의 삶, 작품을 일부 소개하고, 우리와 가까운 곳에 사시던 집과 유품 등을 전시한 동화나라도 소개한다. 작년에 학교에서 했던 캠프의 영향인지 부모님과 함께 동화나라를 다녀온 학생도 꽤 많이 늘었다.

프롤로그 읽기

프롤로그를 읽어준다. 몽실 언니의 시작 부분과 자연스럽게 이야기가 연결이 되며 시대 배경을 알 수 있는 내용이 나오기 때문에 반드시 읽는다. 교사가 읽어주는 방법 외에도 6학년이므로 돌아가며 읽기를 하거나 소리내어 읽어도 좋다.

> 〈중략〉
>
> 몽실이 동생 종호가 이름 모를 병으로 시름시름 앓다가 죽은 것도 그 무렵이었다.
>
> 〈중략〉
>
> 어수선한 세상은 쉬 끝나지 않았다. 그런 어려운 때에 가엾은 몽실에게도 슬픈 운명이 기다리고 있었다. 해방이 되고 나서 꼭 1년 반 만인 1947년 봄이었다.

프롤로그 두 쪽(12~13쪽)을 읽는데 3분 정도 걸린다. 읽은 후에 질문을 한다.

😊 몽실이 동생 종호에게 어떤 일이 생겼나요?

😊 이름 모를 병으로 앓다가 죽었어요.

😊 이 이야기는 언제 있었던 일일까요?

😊 1947년 봄.

😊 1947년 전후에 우리나라에는 어떤 일이 있었나요?

😊 1945년 해방을 맞이하고, 1950년에는 6.25 전쟁이 있었습니다.

아이들은 이 이야기의 시작이 6.25 전쟁이 일어나기 불과 몇 년 전 이야기라는 사실을 알게 되므로 앞으로 전개될 이야기에 대한 대략적인 예상이나 느낌을 갖게 된다.

읽기 방법 안내

온작품 읽기를 시작하는 마음, 천천히 깊이 있게 한 권의 책을 완독하기를 바라는 교사의 마음을 전한다.

- 우리는 이 책을 12시간에 걸쳐 읽을 것입니다.
- 모두 23장으로 나누어져 있습니다.
- 수업 중에 함께 읽기도 하고, 때에 따라서는 혼자서 읽기도 합니다.
- 읽으면서 서로의 생각을 나누어보는 소중한 공부를 합니다.
- 몽실의 삶을 따라가는 긴 여행이 여러분의 독서력을 깊이 있게 하는 행복한 책 읽기 여행인 동시에 여러분의 할머니, 할아버지 세대의 삶을 이해하는 뜻 깊은 여행이 될 것입니다.

4차시 수업 풍경(40분)

수업 주제: 보석 문장 찾기
성취 기준: [6국05-05] 작품에 대한 이해와 감상을 바탕으로 다른 사람과 적극적으로 소통한다.
준비물: 『몽실 언니』책, 스크랩북, 네임펜, 사인펜이나 색연필, 필기구

총 12차시

좋은 문장 찾기

책을 읽으면서 좋은 문장을 만난다는 건 정말 행복한 일이다. 교사가 만나는 좋은 문장과 아이들이 만나는 좋은 문장은 분명히 다를 텐데, 문장을 찾다보면 함께 고르게 되는 좋은 문장이 있다. 책을 읽으며 만나는 좋은 문장을 '보석 문장'이라고 이름 붙이고, 책을 읽는 내내 보석 문장이 있으면 표시를 해두자고 약속을 한다.

아이들은 자신의 책에 포스트잇을 붙이거나 줄을 긋거나 또는 포스트잇 플래그로 몇 쪽의 문장을 찾아두었는지 표시를 해둔다. 자신의 독서록에 옮겨 적기도 하면서 글을 읽는다. 책을 깊이 읽는 아이일수록 보석 문장을 많이 만난다. 그렇게 고른 보석 문장은 책갈피를 만들어 보관해도 좋을 것이다.

보석 문장 찾기

네가 괴롭더라도 참고 열심히 살면 알게 될게다.
어떻게 사는지는
스스로 결정하는 거야.(78쪽)

어려움에 부딪히면 금방 쓰러져 버리는
나약한 사람도 있지만,
반대로 더욱 강하게 나가는 사람도 있는 것이다.

우리들이 지금 공부를 하는 것은
우리의 인생길을 어떻게 걸어가야 하는가,
그 길의 내용을 정확히 알고 가자는 데 있는 것입니다.(76쪽)

미국에 믿지 말고 소련에 속지 마라.
일본이 일어난다.(70쪽)

10차시 수업 풍경(40분)

수업 주제: 몽실 언니 연대기 만들기
성취 기준: [6국05-05] 작품에 대한 이해와 감상을 바탕으로 다른 사람과 적극적으로 소통한다.
준비물: 『몽실 언니』책, 스크랩북, 네임펜, 사인펜이나 색연필, 필기구

몽실 언니 연대기 만들기

 몽실 언니는 1947년부터 시작이 된다. 남북간의 전쟁으로 인한 상흔이 그대로 이야기 전면에 나온다. 6.25 전쟁 전후의 삶이 드러나고 어린 병사들의 갈등도 나온다. 인천상륙작전과 1.4 후퇴를 짐작하게 하는 내용이나 휴전협정 내용도 나온다.

몽실 언니 연대기 현수막

 이야기가 시간 순으로 진행이 되어 연대순으로 연표를 만들기에 적합하다. 다만 이야기가 꽤 길기 때문에 이야기를 읽으면서 장별로 정리를 하는 것이 아이들이 힘들지 않게 내용을 요약할 수 있는 방법이기도 하다. 장별 제목이 내용을 그대로 요약한 것이라 한 문장 요약하기에 도움이 된다. 요약하기 어려운 학생을 위해서는 교사의 요약 자료를 참고로 살펴보도록 하면 도움이 된다.

책을 읽으면서 몽실이가 겪은 일을 중심으로 한 줄 쓰기의 방법으로 조금씩 요약 정리를 한다. 처음에는 자세하게 정리하는 방법을 설명하고 기록하는 시간을 충분히 준다. 이후에는 일정 분량씩 읽은 후에 스스로 조금씩 정리를 하도록 한다.

몽실 언니 연대기 작성하기

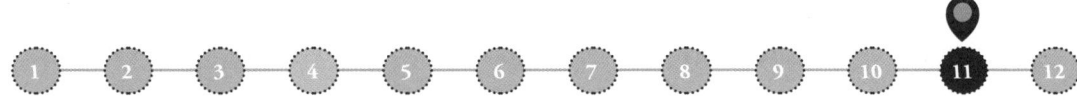

11차시 수업 풍경(40분)

수업 주제: 몽실에게 편지 쓰기
성취 기준: [6국05-05] 작품에 대한 이해와 감상을 바탕으로 다른 사람과 적극적으로 소통한다.
준비물: 『몽실 언니』책, 포스트잇, 허니컴보드, 마카펜, 편지지, 필기구

몽실 언니를 모두 읽었다.

 이번 시간에는 아이들과 등장인물을 떠올리고 인물의 성격을 알아본다. 인물의 성격을 파악하기 위해서는 읽었던 사건을 떠올려야 할 것이다. 이 과정에서 이야기의 장면도 떠올리고 인물에 대해 생각을 하게 된다.

 이야기의 장면이 떠오르고 성격이 떠오르면 인물 인터뷰를 하기에 좋다. 흔히 핫시팅으로 많이 불리는 이 활동은 한 아이가 등장인물 중 한 사람이 되어 다른 사람들의 질문을 받는다. 그 사람의 입장이 되어 이야기를 하게 되므로 역지사지의 경험, 색다른 경험이 된다.

인물 관계도 만들기

몽실 언니에 등장하는 인물을 허니컴보드에 자유롭게 떠올려 이름을 쓰며 칠판에 붙인다.

> 몽실, 밀양댁, 친아버지 정씨, 새아버지 김씨, 할머니, 북촌댁, 밀양댁이 낳은 영득, 영순이, 북촌댁이 낳은 난남이, 남주네, 장골 할머니, 야학 최선생님

칠판에 인물을 붙일 때에는 서로의 관계를 생각하며 조직적으로 붙여야 이야기를 나누기 좋다. 등장인물을 가리키며 인물의 성격을 떠올려본다. 순발력 있는 아이가 먼저 말하면 천천히 생각을 떠올리는 아이들도 있을 것이다. 대표적인 몇 명의 이야기를 나누어본 후, 각자가 생각하는 성격을 포스트잇에 써서 칠판 앞에 붙여보기로 한다. 대체로 늘 전편에 가장 많이 등장하는 몽실이의 성격을 아이들이 가장 많이 떠올리고, 그 다음으로 새아버지, 친아버지, 북촌댁의 순으로 성격이 많이 나오는 것을 알았다.

몽실이나 북촌댁, 장골 할머니 등에 대해서는 호의적인데, 아버지 특히 김씨 아버지에 대해서는 적대적인 감정을 느끼는 아이들이 많았다. 몽실이 다리를 다치게 한 것에 대한 미움과 반감이 아이들 마음에도 있는 것 같다. 반면에 친어머니 밀양댁에 대해서는 다양한 입장이 공존하였다.

- 몽실: 착하다 5명, 희생적이다 3명, 책임감이 있다 2명, 내 언니였으면 좋겠다 1명. 씩씩하다 1명. 마음이 따뜻하고 용기 있는 아이다 1명. 차분하고 부지런하고 자신감이 가득하다 1명. 어른스러운 생각을 가지고 있다 1명.
- 김씨: 나쁘다 5명. 못됐다 1명. 폭력적이다 1명.
- 정씨: 따뜻하다 1명, 분을 못 이긴다 1명.
- 밀양댁: 나쁘다 1명.
- 북촌댁: 착하다 1명.
- 난남이: 착하다 1명. 조금 욕심이 많았지만 마음씨는 착하다 1명.
- 할머니: 착하다 1명. 착했는데 동생이 태어나니 계속 시켜서 나쁘다 1명.
- 영득이: 착하다 1명.

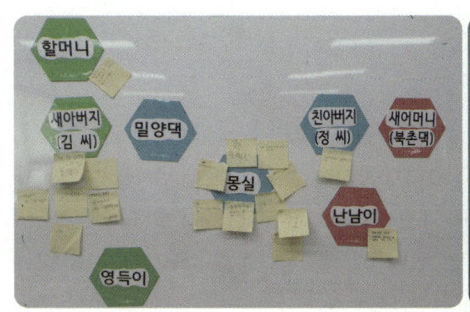 

인물 관계도와 등장인물의 성격

핫시팅(Hot seating)

등장인물을 살펴보고 말과 행동으로 드러나는 성격을 파악하면 핫시팅을 하기 쉽다. 『몽실 언니』 인물 중 하나가 되어서 질문을 받는 것이다. 교사가 먼저 시범을 보이면 좋다. 아이들이 가장 많이 원망을 하는 김씨가 되어서 질문을 받아본다.

우리는 세상의 모든 사람들이 소중하다는 것을 알기 위해 공부를 한다. 어떤 활동이든 활동 전에 주의할 점을 이야기하고 활동을 하면 좋다. 상대방을 존중하면서 예의를 지켜 말하기로 약속하고 활동을 시작한다.

> 1: 몽실이를 왜 다치게 했나요?
>
> 김씨: 제가 몽실이를 일부러 다치게 한 건 아닙니다.
> 생각해 보세요. 몽실이는 내 자식도 아니지만 내가 먹여주고 재워주고 정성껏 대해주었습니다. 그런데 갑자기 아버지한테 간다고 하니 내가 화가 났던 겁니다. 밀었던 건 잘못했지만, 그렇게 다칠 줄은 몰랐습니다.

밀양댁이 되어 질문을 받아보기도 한다.

> 👧 2: 왜 정씨를 떠나 김씨에게로 갔나요?
>
> 밀양댁: 처음에는 몽실이 아버지와 계속 살려고 했지요. 그런데 너무 배가 고파서 견딜 수가 없었어요. 방법이 없더라구요. 김씨 아저씨를 알게 되었는데 몽실과 나를 잘 지켜주겠다고, 자기 집으로 오면 배부르게 먹을 수 있다고 하길래 몽실이를 굶기지 않으려고 떠났지요.
>
> 👧 3: 왜 정씨에게 돌아가지 않았나요?
>
> 밀양댁: 몽실이가 보고 싶기도 해서 가고 싶었는데, 영득이를 두고 갈 수가 없었어요. 영득이를 데리고 간다 해도 거기에서 영득이가 굶지 않고 살 수 있다는 보장도 없고요.

입장을 바꾸어서 이야기를 해보게 하면 흥미롭게 도전하는 학생이 있다. 전체 활동을 한두 번 한 후에 시간이 허락하면 모둠별로 해볼 수도 있다. 다만 모둠별로 확장하여 활동을 더 한다면 시간은 15분이나 20분 정도는 걸릴 수 있으므로 수업 계획을 세울 때 감안하면 좋을 것 같다.

몽실에게 편지 쓰기

이 장면이 가장 기억에 남아요. 왜냐하면!

몽실 언니를 다 읽고 편지를 쓰기에 앞서서 각자 가장 기억에 남는 장면을 서로 공유하였다. 서로 다른 장면을 브레인스토밍처럼 떠올리는 과정은 편지에 쓸 내용을 떠올리기 쉽게 도와준다.

- 엄마를 따라 떠났을 때: 영문도 모르고 떠나게 되어 속상했을 것 같아요.
- 몽실이가 다리를 다쳤을 때: 너무 마음이 아팠어요.
- 새엄마가 돌아가셨을 때: 다정했던 엄마가 돌아가셔서 슬펐어요.
- 인민군을 만났을 때: 몽실에게 친절했던 언니가 떠올라요.
- 난남이를 업어 키울 때: 어린 몽실이 아기를 키우는게 대단해요.
- 구걸을 할 때: 아무것도 안 하는 아버지보다 낫다는 생각을 했어요.
- 아버지가 돌아가셨을 때: 아버지를 데려온 보람도 없이 돌아가셨을 때 아버지가 밉기도 하고 불쌍하기도 했어요.
- 세월이 지나 여전히 가족을 돌보고 있는 몽실의 모습: 세월이 지나서는 좀 편하고 행복하게 살 줄 알았는데 여전히 고생하는 것 같아 눈물이 나요.

내가 몽실이라면?

내가 몽실이라면 이런 상황에 어떻게 행동했을까? 아이들과 같은 나이의 몽실이지만 어른보다 더 어른같이 생활하는 몽실을 보며 아이들이 느낀 생각과 소감을 나누어본다. 이런 생각을 나누면서 자신의 생각이 글로 드러나도록 한다.

몽실에게 편지 쓰기(나의 삶과 비교하며 인상 깊은 부분 말하기)

편지 쓰기 활동은 편지의 형식보다는 편지의 형식을 빌려서 몽실이와 나의 삶을 비교하면서 내가 생각하고 배우게 된 것을 말하는 것이다. 기억에 남는 장면을 공유하였고 내가 몽실이라면 어떠했을까 생각도 해보았다. 나의 삶과 비교해 보며 몽실에게 편지를 쓰면서 『몽실 언니』의 마지막 활동인 편지 쓰기를 한다.

어린 몽실에게 쓸 수도 있고, 어른이 된 몽실에게 편지를 쓸 수도 있다. 어느 시점의 몽실에게 쓰건 나의 삶과 몽실의 삶을 비교해 보며 몽실에게 배운 점을 꺼내보기도 하고, 몽실을 위로하거나 격려해주는 등 따뜻한 마음을 표현할 수 있도록 안내하고 당부를 하면 좋다.

편지를 쓰기 전에는 왜 편지를 쓰는지를 생각하면서 예시 자료로 교사가 쓴 편지를 보여준다. 편지를 쓴 후에는 모둠별로 바꾸어 읽어볼 계획이라는 것을 미리 알려준다. 글을 쓸 때에는 정성껏 쓰는 글의 중요함을 강조하고, 일정 분량을 목표로 두고 써보기로 한다. 아이들이 편지를 쓰는 동안 순회지도를 한다. 편지를 쓰기 전에 놓친 것이 있는지 살펴보는 것도 좋다. 순회하면서 글씨를 정성껏 쓰는 사람을 칭찬하면 다른 사람도 의식적으로 잘 쓰려고 노력한다.

시간을 15분 정도 주고 정성껏 쓰자고 이야기를 한다. 글씨를 다른 사람이 잘 알아볼 수 있는 알맞은 크기로 쓰도록 구체적으로 이야기를 한다. 그렇지 않으면 빨리 쓰거나, 알아보기 어렵거나, 지나치게 작은 글씨로 쓰는 아이가 꼭 있기 마련이다. 시간이 5분 정도 남았을 때부터 미리 시간을 안내한다. 5분 정도 남았습니다. 3분 정도 남았을 때에는 마무리를 할 것을 알려준다. 시간이 거의 다 되었을 때에는 '30초 후에는 연필을 놓도록 하겠습니다.'라며 미리 알려준다. 수업 시간은 제약이 크다. 다음 시간에는 다른 내용의 공부가 또 기다리고 있다. 시간 안에 할 일을 마칠 수 있도록 노력하는 것도 중요하다.

편지를 다 쓴 후에는 옆 사람과 바꾸어 읽어보도록 한다. 편지를 쓰기 전에 바꾸어 볼 것이라고 미리 안내를 했기에 아이들은 큰 거부감 없이 바꾸어본다. 미리 바꿀 것을 예상하며 글을 쓰는 것과 그렇지 않은 것은 다르다.

읽기 전에 상대방의 글에 대한 존중의 태도를 강조하고 서로 바꾸어 읽어보도록 한다. 상대방의 글을 읽어봄으로써 나와 다른 관점을 알게 되고 친구로부터 피드백의 기회를 얻는다. 스스로 글을 쓰고 읽어보고 피드백을 받은 후 편지를 모은다.

> 언니의 삶은 저와 많이 다르다고 느꼈어요. 하지만 사람은 모두 행복했다가 슬펐다가 기뻐요. 몽실언니는 그 모든 감정을 느끼고 아무리 힘든 상황이라도 이겨내려고 노력하는 모습이 저도 모르게 자랑스럽게 느껴졌어요. 저는 항상 힘든 일이면 포기하려 하고 다시 하지 않는 편인데 몽실 언니를 보고 다시 제 행동과 마음을 고치기로 마음을 먹었어요. (고O연)

> 언니, 아직 우리나라는 통일이 안됐어요. 저도 언니같은 일을 겪어보고 싶지 않아요. 언니의 주변 사람들이 떠난다는 것도 정말 슬펐을 것 같아요. 특히 난남이가 떠났을 땐 더 슬펐을 거예요. 언니가 힘든 상황에서도 묵묵히 이겨내고, 슬픈 것도 아픈 것도 모두 참고 견뎌서 대단해요. 저는 지금 언니의 근황과 난남이의 근황도 궁금하네요. (권O민)

> 몽실님. 저는 몽실님의 이야기를 보며 마음 아파하다가도 희망이 생겼습니다. 작은 마을에서부터 시작한 이야기가 여러 사람들과 사건들을 거쳐 30년이 지난 이야기는 정말 저에게 많은 위로와 도움, 조언이 되었습니다. 6.25전쟁으로 인한 피해를 직접 보게 된 몽실님은 그 피해마저도 이겨내려고 노력하시고 이겨내는 장면을 보고 큰 감동을 느꼈습니다. (서O우)

12차시 수업 풍경(40분)

수업 주제: 몽실 언니 빈 칸 채우기
성취 기준: [6국05-05] 작품에 대한 이해와 감상을 바탕으로 다른 사람과 적극적으로 소통한다.
준비물: 『몽실 언니』책, 필기구

몽실 언니 빈 칸 채우기

몽실 언니의 마지막 장을 덮으면서 각자의 생각을 들어보려 한다. 몽실 언니에 대해서 어떻게 생각하고 있는지 서로의 생각을 나눌 수 있는 방법 중에 비유적인 표현을 활용하여 정의를 내려보는 재미있는 활동이다. 저마다 인상 깊은 부분이 다르기에 그 생각을 존중하는 매우 의미있는 활동이다.

몽실 언니는 (　　　)이다.
왜냐하면 (　　　　) 때문이다.

저마다 생각할 시간을 주고, 공책에 적어본 후 모둠별로 이야기를 나누고, 전체가 공유하는 방법이 있고 처음부터 모두 돌아가며 이야기를 나누어 공유하는 방법도 있다. 교실에서 수업을 할 때에 큰 원을 만들어서 돌아가면서 이야기를 나누면 좋다. 2020년 아이들은 구글 설문지를 통하여 각자의 생각을 모아보았다. 프리즘 카드를 활용하여 이미지를 보면서 내용을 정리해도 다양한 이야기가 나와서 마무리 활동으로 적합하다.

♡몽실이의 포기하지 않는 강인한 삶을 바라본 아이들 생각.

(경찰)이다. 다른 사람을 보호해 주기 때문이다

(탄탄한 나무)이다. 그동안 힘들었어도 끝까지 살아있기 때문이다.

(뿌리)다. 시련이 있어도 넘어지지 않기 때문.

(강한 사람)이다. 무슨 일이 있어도 버티니까.

(자신감)이다. 우리에게 포기 않는 자신감을 보여줘서.

(바위)이다. 몽실 언니가 아무리 힘들어도 이겨내니까.

(돌덩이)이다. 왜냐하면 어떤 일이 있어도 꿋꿋이 살기 때문.

(용감한 사람)이다. 전쟁터 속에서도 난남이를 지켰기 때문이다.

(돌덩이)다. 왜냐하면 상처 입고 부서져도 계속 버텨내기 때문이다.

(식물)이다. 왜냐하면 시들지 않고 힘들 때 힘을 내기 때문이다.

(철)이다. 왜냐하면 어떤 일이 있어도 포기하지 않았기 때문.

큰 원 줄줄이 말하기

♡ 몽실 언니를 읽으며 알게 된 우리의 역사에 대하여 생각을 많이 한 아이들.

〔역사책〕이다. 왜냐하면 우리나라의 역사를 알게 되었기 때문입니다.

〔로션〕이다. 왜냐하면 우리의 역사를 깨끗하게 해주었다.

〔역사신생님〕이다. 왜냐면 몽실 언니 덕분에 우리나라의 역사를 더 많이 읽게 되었기 때문이다.

〔역사책〕이다. 왜냐하면 그 당시의 아픈 역사를 알게 되어서.

〔정말 좋은 책〕이다. 왜냐하면 몽실 언니를 통해 우리나라의 역사를 알 수 있게 되었고, 본받을만한 행동이 많기 때문이다.

♡ 몽실 언니가 바람직한 삶의 방향이나 태도를 가르쳐 준다고 생각한 아이들.

〔명언 제조기〕이다. 왜냐하면 좋은 말을 잘하기 때문이다.

〔나의 선생님〕이다. 그 이유는 몽실 언니를 통하여 배운 것이 많기 때문이다.

〔희망〕이다. 왜냐하면 자신이 희망이 좀 적지만 그걸 참고 희망을 품고 근처 사람들도 희망을 맺어주기 때문이다.

〔교과서〕이다. 배울 점이 참 많기 때문에.

〔센 언니〕이다. 인민군에게 할 말을 했기 때문에.

♡ 몽실이의 착하고 따뜻한 마음, 다른 사람을 도와주는 마음을 본 아이들의 생각.

(아낌없이 주는 나무)이다. 자신이 먹을 것보다 남에게 먼저 가져다 주기 때문이다.

(반려견)이다. 항상 남을 배신하지 않고 끝까지 옆에서 행복하게 해주기 때문이다.

(바나나)이다. 바나나 속처럼 마음이 따뜻해서.

(책)이다. 인간에게 필요한 도덕과, 행동을 몽실이가 하는 것에서 배울 수 있다.

(도덕)이다. 왜냐하면 착하기 때문이다.

(나무)이다. 왜냐하면 바람이 불어도 비가 와도 꼿꼿이 서 있는 나무처럼 어떤 일이든지 이겨내고 살아가는 것이 비슷하고 나무가 그늘과 열매로 사람들을 도와 주는 것 같이 다른 사람을 도와주기 때문이다.

(솜사탕)이다. 솜사탕처럼 부드럽고 사람의 마음을 사르르 녹이게 하기 때문이다.

(이불)이다. 다른 사람들을 감싸주고 도와주기 때문이다.

(태양)이다. 왜냐하면 모든 사람들을 밝게 비쳐주기 때문이다.

(빛)이다. 왜냐하면 빛처럼 따스하니까.

(선생님)이다. 다른 사람을 잘 돌봐준다.

(도덕책)이다. 몽실 언니를 통해 다른 사람을 도와주는 걸 알 수 있기 때문이다.

(햇살)이다. 우리를 따뜻하게 비춰주어서.

(달)이다. 왜냐하면 사람의 어두운 마음에 빛을 비추어 주기 때문이다.

(바늘)이다. 힘든 사람의 마음을 꿰매 주기 때문이다.

(효녀)이다. 왜냐하면 어머니가 아플 때 같이 있어주고 아빠가 다쳤을 때 직접 약을 구해주어서다.

(천사)이다. 왜냐하면 모든 사람들을 도와주고 착하기 때문이다.

(엄마)이다. 동생들을 엄마처럼 잘 돌봐줘서. 어린 나이에도 한 생명을 소중히 여기고 지키려는 모습

(지구)이다. 지구도 생물에게 도움을 주는 것처럼 몽실이는 사람들을 도와주기 때문.

(지킴이)다. 왜냐하면 동생들을 잘 보살펴줘서.

♡ 몽실이의 내면의 감정을 바라보며 몽실 언니를 읽은 아이들은 이렇게 나타내었다.

[스토리]이다. 왜냐하면 몽실이의 이야기가 책 속에 담겨있기 때문이다.

[우리의 모습]이다.

[희망]이다.

[바게트]이다. 겉과 속이 단단하지만 속이 겉보다 훨씬 부드럽기 때문이다.

[상처]다. 몽실 언니는 보이지 않는 상처가 많을 것 같기 때문이다.

[불쌍한 아이]다. 이야기 할 때 엄마와 아빠의 이야기를 해서.

[식물 뿌리]이다. 자신을 지지하고 아픔을 흡수하는 것 같기 때문이다.

[종이]이다. 늘 괜찮은 것처럼 예쁘게 포장되어 있지만 사실 안은 나무들의 희생처럼 수많은 희생들이 쌓여있기 때문이다.

[무지개]이다. 기쁨, 미움, 슬픔 등 다양한 감정이 있기 때문이다.

[소설]이다. 감동적이기 때문이다.

[콘서트]이다. 계속 보게 되기 때문이다.

[축구 선수]이다. 그만큼 멋있기 때문이다.

더해보기

책갈피 만들기

감동 받은 문장이나 기억하고 싶은 문장 찾기 활동 후에 책갈피 만들기를 해도 좋다. 책갈피에는 감동 받은 문장을 기록하고, 책 제목과 작가, 책갈피를 만든 날짜를 적어두면 기억하기가 훨씬 쉽다.

책갈피 만들기

감사 나무 만들기

몽실 언니를 수업을 하면서 감사 수업도 함께 한다. 세상에 당연한 것은 없다는 것은 코로나19 이후에 더 절실하게 느끼게 된 사실이다. 나의 주변에서 감사함을 찾아보는 일을 하고 수업을 마무리하는 단계에서 한 문장으로 감사의 인사를 적어본다. 내 주변의 사람, 사물, 자연환경 등 모든 일에 감사의 마음을 가져본다. 온갖 역경 속에서도 꿋꿋함을 잃지 않은 몽실 언니만큼 더 씩씩해지는 우리를 느낄 수 있다.

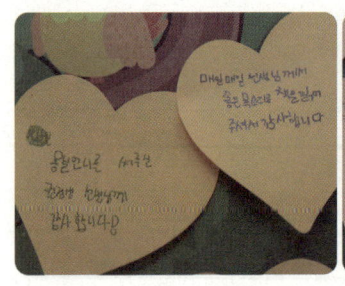 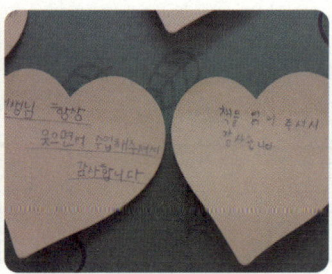 

감사 나무

질문 만들고 이야기 나누기

책을 읽고 질문을 3개 만든다. 질문은 서로의 생각을 나누기 위한 것이다. 질문에 대하여 나의 생각을 적어보면서 다른 사람의 생각도 예상해 본다. 내가 만든 질문 중에서 한 가지를 선택하여 어깨 짝과 서로 이야기를 나눈다. 약 1분의 시간 동안 서로 이야기를 주고받는다. 선생님의 사인에 따라 짝을 바꾸어서 질문을 주고받아 본다. 짝을 바꾸는 활동을 두세 차례 한 후에 자신의 자리로 돌아와서 인상 깊었던 답변이나 친구의 생각을 발표해 본다.

말모이 학습 정리

책을 읽어나가면서 낱말 찾기, 문장 고르기, 마음 모으기 활동으로 말모이 학습 정리를 할 수 있다. 『몽실 언니』를 모두 7번에 걸쳐 나누어 읽고 읽은 부분에 대한 이야기를 나누고 정리한다.

1. 책 속 낱말이 들어간 글귀를 찾고, 그 낱말의 뜻을 찾아 적어본다.
2. 읽은 부분에서 기억하고 싶은 문장을 찾아 적는다.
3. 일어난 일을 간략하게 요약하는 일과 나의 생각과 느낌을 마음 모으기에 적어본다.

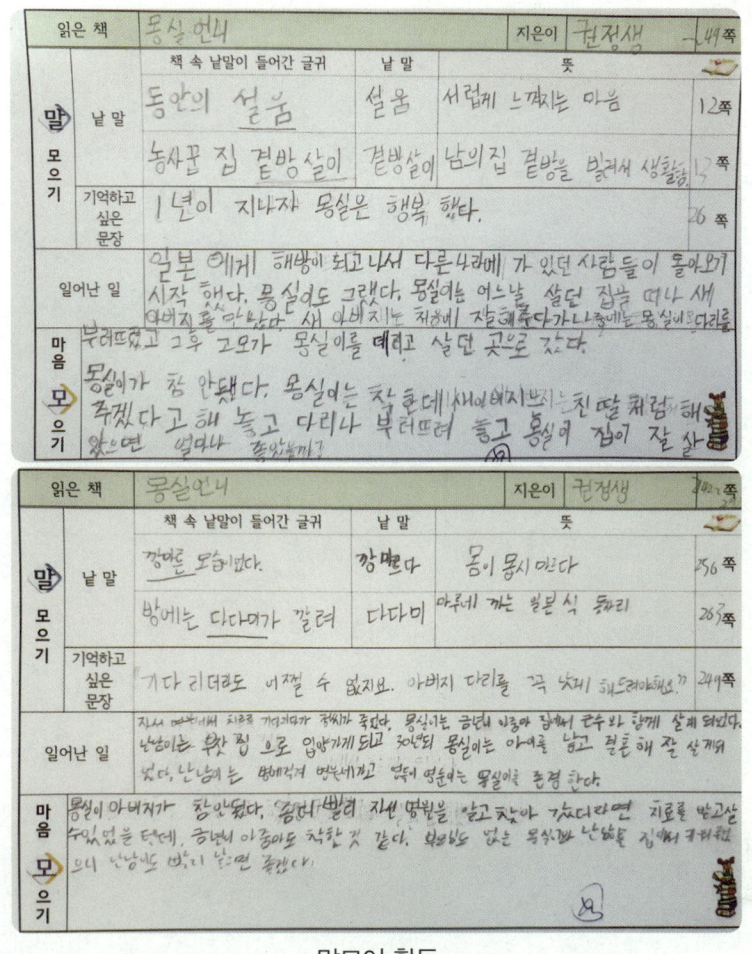

말모이 활동

5-6학년

선생님, 그곳에 계신가요?
랑랑별 때때롱

『랑랑별 때때롱』

권정생 글, 정승희 그림, 보리

『랑랑별 때때롱』은 권정생 선생님이 어린이 잡지 「개똥이네 놀이터」에 연재한 마지막 동화이다. 지구별의 새달이와 마달이가 랑랑별의 때때롱, 매매롱을 알게 되고, 랑랑별까지 올라가게 된다. 랑랑별은 마치 지구별의 옛날 모습을 닮았다. 새달이와 마달이는 때때롱의 할머니를 만나 도깨비옷을 입고 랑랑별의 오백년 전으로 여행을 하기도 한다. 오백년 전의 랑랑별은 지금의 지구가 추구하는 미래의 모습을 닮기도 했다.

권정생 선생님은 아이들은 누구나 자연스럽게 현실과 꿈(판타지)을 넘나들며 살아가고 있다고 생각하였다. 랑랑별 때때롱은 4학년 정도면 누구나 읽기에 적당하다. 우리는 5학년 아이들과 함께 읽어 보았다. 책 속의 해학과 유머를 즐겁게 받아들이며 풍부한 상상력을 가져보기를 기대하였다. 과학의 발달이 사람의 삶에 미치는 영향과 환경 문제도 두루 고민하며 읽고자 하였다.

어느 책에선가 권정생 선생님이 랑랑별에 살고 계시는 것은 아닌가 상상하는 대목을 읽었다. 무릎을 탁 치며 생각했다. 맞아, 선생님이 그곳에 계실지도 몰라.

책 내용 살펴보기

차례	쪽(분량)	내용
1장 새달이랑 때때롱이랑	9~14(6)	지구별의 새달이와 마달이가 랑랑별의 때때롱, 매매롱을 알게 됨.
2장 호박죽	15~21(7)	때때롱과 매매롱이 호박을 따가고 호박씨를 놓아둠.
3장 랑랑별이 진짜 있는 걸까?	22~29(8)	때때롱과 매매롱이 민수, 민규와 너무 닮아서 이상하게 여김.
4장 종이비행기	30~41(12)	매매롱이 편지를 써서 종이비행기를 보냄. 마달이가 쓴 편지가 사라지고 연락이 끊김.
5장 일기장	42~52(11)	때때롱이 사진과 일기를 보내주어 읽음.
6장 새달이는 똥싸개 오줌싸개	53~65(13)	때때롱 일기장에 엄마가 아파서 지구별에서 호박을 가져간 이야기가 적혀 있음.
7장 왕잠자리	66~78(13)	지구별이 나쁘다고 말하는 왕잠자리를 만남.
8장 흰둥이도 이상해졌다	79~94(16)	흰둥이가 때때롱과 대화를 나누고 '날개야 나온나'라는 주문을 외움.
9장 모두 사이좋게 랑랑별로	95~110(16)	흰둥이에게 날개가 생기고 누렁이가 흰둥이 꼬리를 물고 새달이와 마달이가 누렁이 꼬리를 잡고 랑랑별로 올라감.
10장 때때롱네 집에서	111~124(14)	아이들과 물에서 놀다가 때때롱 집에 가서 밥을 먹음.
11장 할머니 대장	125~138(14)	할머니를 따라 도깨비 옷을 입고 5백 년 전으로 가보기로 함.
12장 5백 년 전 아이, 보탈	139~151(13)	보탈을 만나 5백 년 전 랑랑별을 봄.
13장 오줌 누다가 잡혀갔어요	152~165(14)	경찰서에 잡혀갔다가 투명 망토 덕분에 빠져 나옴.
14장 때때롱네 엄마가 울었어요.	166~178(13)	모든 것이 자동화되고 풍족하며 로봇들이 사는 보탈의 마을을 봄.
15장 때때롱의 마지막 선물	179~195(16)	때때롱이 왕잠자리를 보내주어 새달이와 마달이가 인사를 함.

활동 내용

[6국05-05] 작품에 대한 이해와 감상을 바탕으로 다른 사람과 적극적으로 소통한다.
[6국01-03] 절차와 규칙을 지키고 근거를 제시하며 토론한다.
[6국02-06] 자신의 읽기 습관을 점검하며 스스로 글을 찾아 읽는 태도를 지닌다.

단계	차시	교수 학습 활동	스크랩북

독서 전	1-2
	원격수업
		1. 표지 보며 내용 예측하기
		2. 책 읽기
		  - 1장 선생님이 읽어주기
		  - 2-4장 돌아가며 읽기
		3. 텔레파시 게임- 낱말 비빔밥
			1쪽- 지구별 등장인물
			2쪽- 랑랑별 등장인물
			3쪽- 낱말 비빔밥

독서	3-4
	원격수업
		1. 책 읽기(5~8장)
		  - 5장 선생님이 읽어주기
		  - 6~8장 돌아가며 읽기
		2. 질문 만들기(3개)
		  - 책을 읽고 무엇을 느꼈는지 묻는 질문
		  - 자신의 삶과 관련 짓는 질문
		3. 이야기 나누기
		4. 등장인물 마인드맵
			1쪽- 지구별 등장인물
			2쪽- 랑랑별 등장인물
			3쪽- 낱말 비빔밥
			4쪽- 질문 만들고 생각 나누기

독서	5-6	1. 공감 활동 하기(이런 사람 일어나세요)
		2. 책 읽기(9~12)
		  - 9장 선생님이 읽어주기
		  - 10~11장 번갈아 읽기(짝 활동)
		3. 생각 나누기-나에게 날개가 생긴다면
		4. 인상 깊은 장면 표지 그리기
			1~2쪽- 등장인물
			5쪽- 나에게 날개가 생긴다면
			표지- 인상 깊은 장면

독서	7-8	1. 책 읽기(12~15)
		  - 12장 선생님이 읽어주기
		  - 13~14장 번갈아 읽기(짝 활동)
		  - 15장 혼자 읽기
		2. 나에게 투명 망토가 생긴다면?
		3. 생각을 하게 하는 인상 깊은 문장 찾아 줄 긋기
			1~2쪽- 등장인물
			6쪽– 생각 문장 쓰기

독서 후	9-10	1. 토론 주제에 따른 자신의 의견 정리하기 2. 1:1 토론으로 생각 나누기 3. 정리된 자신의 생각 쓰기 4. 책 평가하기 5. 책 속 주제 찾기 - 지구에게 전하는 감사의 인사: 나무야, 풀아, 흙아, 바람아, 햇볕아, 물아 너도 고맙다	7쪽- 1:1 토론 8쪽- 감사의 인사

5~6차시 수업 풍경(80분)

수업 주제: 인상 깊은 장면 그리기
성취 기준: [6국05-05] 작품에 대한 이해와 감상을 바탕으로 다른 사람과 적극적으로 소통한다.
준비물: 『랑랑별 때때롱』 책, 스크랩북, 네임펜, 사인펜이나 색연필, 필기구

'이런 사람 일어나세요' 공감 활동

나의 친구들은 책을 읽으면서 어떤 생각을 할까? 나와 비슷한 감정을 느꼈을까? 아니면 전혀 다르게 생각할까?

'이런 사람 일어나세요' 활동은 아이들이 같은 생각을 가진 경우 자리에서 일어난다. 비슷한 느낌이나 생각을 찾아보는 활동이다. 학습 분위기가 잘 이루어진 학급에서는 이렇게 수업에 약간의 변화만 주어도 아이들이 즐겁게 참여한다. 고학년 중에 의외로 일어나기를 귀찮아하는 학생이 있다. 이런 경우에는 움직임 활동의 좋은 점을 들어준다. 건강을 위해, 뇌의 활동을 위해, 기억력 향상을 위해, 자리에서 일어났다가 앉으면 다리 근육 운동이 되는 좋은 점도 있다. 즐겁게 참여를 유도하면 대부분 잘 참여한다. 또는 일어서 있다가 자리에 앉는 방법 등으로 변화를 주어도 좋다.

수업 중에 스트레칭이나 움직임 활동을 넣는 것은 학생의 건강과도 관련이 있고, 학생 개개인의 특성을 존중해 주는 점도 있다. 시각 자료를 기억력과 관련지어 잘 받아들이는 학생이 있는가 하면 청각 자료에 민감한 학생도 있다. 또 움직임 활동을 오래 기억하는 학생도 있으므로 다양한 방법으로 학습 활동을 구안하는 것이 재미도 있고 의미도 있을 것이다.

이런 사람 일어나세요

- 모든 동물과 곤충이 와글와글 떠들며 노래하는 모습을 본다면
  나는 무서울 것이다./신기할 것이다.

- 랑랑별에 갈 수 있는 기회가 생긴다면
  나는 가보고 싶다./가보고 싶지 않다.

- 때때롱처럼 나를 반겨주는 사람이 있다면
  나는 쑥스러울 것이다./기분 좋을 것이다.

- 씩씩한 대장 할머니가
  나는 좋다./부담스럽다.

책 읽기 9~11장

교사가 9장을 소리내어 읽고, 10장과 11장은 어깨 짝과 번갈아 읽기를 한다. 읽기가 다 끝난 팀은 뒷이야기를 각자 혼자 읽거나 약속한 활동을 하며 천천히 읽는 팀을 기다리기로 한다. 모두가 다 읽은 후에는 집중을 하고 교사가 내용을 잘 이해했는지 질문을 한다.

어깨 짝과 번갈아 읽기

- 새달이와 마달이는 어떻게 때때롱네로 올 수 있었나요?

- 때때롱네 반찬은 많았나요? (120쪽)

- 랑랑별에 비만인 애들이 없는 까닭은 무엇인가요? (120쪽)

- 도깨비옷을 입고 어디를 가려고 하나요?

나에게 날개가 생긴다면?

　나에게 날개가 생긴다면? 얼마나 즐거울 것인가. 흰둥이에게 날개가 나온 덕에 새달이를 비롯하여 지구별 동물 친구들도 때때롱네에 갈 수 있었다. 주문을 외워서 날개가 생긴다면 얼마나 근사할까? 아이들과 소소한 상상의 날개를 펼쳐본다. 상상하는 것만으로도 행복하다.

　여러분에게 날개가 생긴다면 어떤 일을 하고 싶은가요? 하고 물어본다.

- 저는 여행하고 싶어요. 마음대로 여행 갈 것 같아요.

- 아침에 학교에 갈 때 날개를 이용해서 날아갈 거야.

- 우주 끝까지 가서 별을 딸 거야. 다른 나라를 가보고 싶다.

- 휴대폰을 빨리 가져오고 싶다.

　날개가 정말 생긴 것처럼 이곳과 저곳을 여행하는 아이들의 표정은 해처럼 밝다. 마스크를 낀 채 날개가 생겨서 교실 밖을 날아다니는 상상을 하는 아이들의 모습이 안쓰럽기도 하다.

인상 깊은 장면 그리기

스크랩북 책 표지에 가장 인상 깊은 장면을 그려보기로 한다. 랑랑별로 올라가는 장면, 랑랑별을 상상한 장면, 삽화 중에 인상 깊은 한 장면 등 글과 말로 표현하던 것을 그림으로 표현하여 본다. 랑랑별 때때롱의 독특한 삽화 느낌을 살려 그림자 연극을 하는 느낌으로 아이들도 까맣게 그림을 완성하는 것을 발견할 수 있다. 평소 글쓰기보다 그림 그리기를 좋아하는 아이에게는 더없이 행복한 시간이다.

인상 깊은 장면을 표지에 그리기

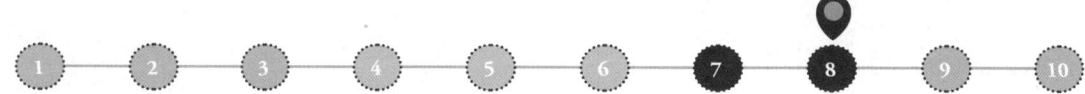

7~8차시 수업 풍경(80분)

수업 주제: 생각 문장 찾아보기
성취 기준: [6국05-05] 작품에 대한 이해와 감상을 바탕으로 다른 사람과 적극적으로 소통한다.
준비물: 『랑랑별 때때롱』책, 스크랩북, 네임펜, 사인펜이나 색연필, 필기구

랑랑별 때때롱 책이 막바지에 이르렀다. 책을 14장까지 읽고 인상 깊은 문장을 찾아 서로 이야기를 나누어보는 시간을 갖고자 한다. 인상 깊은 문장은 '생각 문장'이라고 부르기로 약속한다. 생각을 하게 하는 좋은 문장이라는 의미로 사용하기로 한다.

- 하나, 12장부터 14장까지 읽는다. 책을 읽고 내용을 이해하기.
- 둘, 나에게 투명 망토가 생긴다면 어떤 일을 할까? 이야기를 나눈다. 즐거운 상상력을 동원하여 서로의 관심사, 흥미, 상상의 세계를 나누어 보기.
- 셋, 내가 찾은 좋은 문장, 생각을 하게 하는 인상 깊은 문장인 '생각 문장'을 찾아 이야기를 나누어 보기로 한다. 책 속에서 찾은 좋은 '생각 문장'을 찾아 그 이유와 함께 이야기를 나누면서 책 읽는 재미를 나누어 보기.

수업 열기

지난 시간까지 읽은 간단한 줄거리를 이야기 한다. 인상 깊게 살펴본 장면을 그린 그림을 서로 보여주기도 한다. 도깨비 옷을 입고 간 곳이 어디인지, 때때롱네는 어떻게 오게 되었는지, 질문을 통하여 이야기를 주고받는다.

책 읽기 12~14장

12장부터 14장까지 읽는다. 생각을 나눌 시간을 확보하기 위하여 14장까지 읽고, 15장은 혼자 읽는 시간을 갖는다.

교사가 12장을 읽어준다. 교사가 읽어주면서 끊어 읽기 시범을 보인다. 내용에 따른 읽기를 통하여 아이들이 읽기를 어떻게 하면 되는지 직접 시범을 보이는 것이다. 아이들이 번갈아 읽을 때에는 교실을 순회하면서 목소리를 들어본다. 천천히 두 학생이 모두 읽는 것을 들어보고 자리를 옮긴다. 읽는 중에는 끼어들지 않는다. 잘 읽도록 격려해 주며 순회를 한다. 잘못 읽는 것은 기록해두었다가 전체적으로 알려준다.

책을 다 읽은 팀은 읽고 있는 팀을 기다리도록 한다. 이것은 읽기 전에 미리 이야기한다. 어떤 활동을 하든 빨리 하는 사람이 있기 마련이다. 다 한 사람은 무엇을 할까요? 아이들에게 물어본다. 아이들은 답을 잘 알고 있다. 대부분은 책 그 다음을 읽을 수도 있고, 병풍책을 더 꾸밀 수도 있다. 가벼운 스트레칭을 하며 쉴 수도 있을 것이다. 해야 하는 일과 할 수 있는 일을 알면 해서는 안 될 일도 알 수 있다. 기다리면서 15장을 읽어도 좋다. 다른 사람을 기다리는 것은 매우 중요하다. 우리는 여기에서 배려를 배운다. 내 친구가 끝내기를 기다리는 것. 이렇게 잘 기다리는 아이들에게 기다려주어서 고맙다는 인사를 건네주면 더 좋겠다. 14장까지 다 읽은 것을 확인한 후 읽은 내용에 대한 질문으로 내용을 잘 이해했는지 살펴본다. 간혹은 문제가 생겨서 한두 팀이 매우 늦을 수 있다. 그럴 경우에는 못 읽은 학생은 나머지 부분을 혼자서 읽어보도록 하고 다음 단계로 나갈 수도 있다.

나에게 투명 망토가 생긴다면?

같이 상상해 보는 주제는 '나에게 투명 망토가 생긴다면?'이다. 내가 보이지 않게 되는 투명 망토로 나는 어떤 일을 하고 싶은지 상상해 보는 것이다. 주제를 던지고 바로 아이들의 생각을 들어보는 것보다 30초 또는 1분의 시간을 주고 이야기를 들어보면 좋다. 이런 주제는 정답이 없고 즐겁게 상상할 수 있는 재미있는 주제이므로 돌아가며 말하기로 모두의 이야기를 들어보면 더 좋다. 돌아가며 말하기로 이야기를 들어보기 전에 어깨 짝과 이야기를 나누어서 어떤 이야기가 나오는지 말해보면 더 좋다.

> 1분 상상하는 시간 갖기
> 1분 어깨 짝과 이야기 나누기
> 5분 돌아가며 말하기

- 다른 교실에 가보고 싶다.
- 엄마 몰래 집에서 게임을 하고 싶다.

생각 문장 말하기

자동차도 사람도 모두 로봇이고 좋은 유전자만 골라다가 맞춰서 만든 맞춤 인간의 세계. 아이들은 여러 가지 많은 생각을 하게 된다. 권정생 선생님은 이 이야기를 통하여 무분별한 과학 발전이 가져올 인간성 파괴에 대한 고민을 던져주고 있다. 이 책이 출간된 지 10여 년이 훌쩍 넘은 지금 책 속의 일부 내용이 실제로 이루어지고 있다. 우리는 지금의 상황을 어떻게 바라볼 것인가 고민해 보아야 한다.

아이들이 찾은 생각 문장은 여럿이 같은 문장이 나오기도 했다.

3분 생각 문장 정리 및 발표 연습

5분 돌아가며 말하기

아이들이 공통적으로 많이 찾은 생각 문장은 다음과 같다.

147쪽
가족이지만 모두 남남이다.

149쪽
고조할아버지의 할아버지가 맞춤 인간이니 로봇이니 과학이 너무 앞서가는 걸 반대하심. 사람은 순리대로 태어나서 자라야 한다고.

163쪽
 모두가 머리는 천재처럼 좋아 보이는데, 몸뚱이는 하나도 빠르지 않고 느렸기 때문.

167쪽
웃을 줄도 모르고 울 줄도 모르고 화낼 줄도 몰라요.
→ 웃을 줄 모르면 행복한 사람이 없는 것이라고 생각되어 이상하고 생활이 재미없을 것이라고 생각했다.

178쪽
아기가 가여워요.

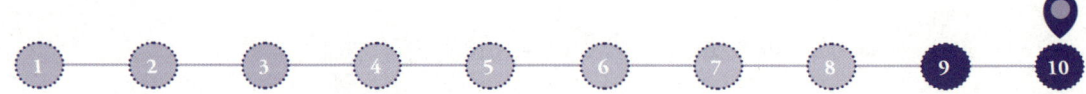

9-10차시 수업 풍경(40분)

수업 주제: 자신의 생각을 근거를 들어 말하여보기
성취 기준: [6국05-05] 작품에 대한 이해와 감상을 바탕으로 다른 사람과 적극적으로 소통한다.
준비물: 『랑랑별 때때롱』책, 스크랩북, 네임펜, 사인펜이나 색연필, 필기구

『랑랑별 때때롱』책을 다 읽은 후 책 내용 중에서 토론 주제를 찾아 서로 이야기하는 시간을 가졌다.

첫째, 의견과 근거를 찾아 자신의 생각을 정리하고
둘째, 자신의 의견을 말하기 위해 1:1토론을 하며
셋째, 최종 정리된 자신의 생각을 기록하여 정리하였다.

책을 읽고 내용을 이해하고 나아가 새로운 문제에 대해 다른 사람과 생각을 나누어보면서 깊이 있게 책을 읽는 습관과 서로 다른 생각을 존중하는 배움의 기회를 삼고자 하였다.

☀ 수업 열기

수업을 열면서 몇 가지 질문을 통하여 그동안 읽었던 내용을 살펴보았다.

- 등장인물은 누가 있나요?
- 투명 망토는 어떤 일을 했나요?
- 읽은 내용을 요약한다면?

의견과 근거 찾기

　자신의 생각을 근거를 들며 말하여 보는 것으로 1:1토론 중에 두 마음 토론을 하였다. 다양한 주제 중에서 '로봇이 일을 하고 사람은 놀기만 해도 된다.' 부분에 대한 각자의 생각을 나누어 보았다. 토론 주제는 '사람은 일을 해야 하는가?'로 바꾸어 찬반을 나누어 보았다. 대부분의 학생이 사람은 일을 해야 한다로 생각하였고, 3~4명의 학생은 사람은 일을 하지 않아도 된다고 생각하였다.

　생각이 떠오른 순발력 있는 아이들에게 먼저 근거를 발표하도록 기회를 주었다. ○○이는 사람이 일을 해야 하는 근거로 '일을 해야 돈을 벌고 먹고 살 수 있다.'고 이야기를 하였고, △△는 '일을 해야 보람과 의미를 찾을 수 있다.'고 이야기 하였다. 반면에 □□는 사람은 일을 하지 않아도 된다고 이야기하였는데 '일을 하지 않고 잘 사는 사람이 있다.'고 말하였다.

　양쪽의 이야기를 모두 들은 후 각자의 생각과 근거 즉 이유를 적어서 칠판에 모으기로 하였다. 먼저 포스트잇에 자신이 생각하는 근거를 적어보기로 했다. 적은 근거는 칠판에 붙였다. 모두의 생각이 칠판에 모인 이후에 비슷한 이유끼리 모아서 전체의 근거를 모두 살펴보았다.

　그런 다음에 교사가 두 주장의 근거가 되는 사례를 2가지 가져와 학생들에게 제시하였다. 하나는 '나우루의 비극'으로 일을 하지 않아서 생기게 된 비극을 이야기해 주고, 다른 하나는 지나치게 일을 많이 하면서 생긴 과로로 인한 우리나라의 사고 사례를 이야기해 주었다.

1:1 생각 나누기

 1:1토론은 두 마음 토론으로 진행하였다. 찬성 입장과 반대 입장을 모두 생각하여 서로의 생각을 나누어보도록 하였다. 쟁점이 되는 토론을 각자 준비하여 다양한 근거를 들어 이야기하면 더 좋지만, 책을 읽고 주제를 그 자리에서 찾은 경우에는 다양한 근거를 찾기가 어려우므로 브레인스토밍처럼 나온 근거를 참고로 자신의 생각을 나타내기로 한 것이다.

> **찬성**
> 나는 일을 꼭 해야 한다고 생각합니다. 왜냐하면 사람은 일을 해야 몸이 건강하고 규칙적인 생활이 가능하기 때문입니다.
>
> 사람이 일을 하지 않으면 랑랑별의 5백년 전처럼 로봇과 사람이 구분이 안되고 로봇이 발전을 하고 사람은 발전을 못할 것이다.
>
> **반대**
> 나는 일은 로봇이 하고 우리는 일을 안 해도 된다고 생각합니다. 우리의 몸은 운동으로 건강을 유지하면 됩니다.
>
> **반반**
> 사람만 일을 한다면 어려운 일도 많을 것이다. 그렇다고 로봇이 일을 다하면 사람의 건강이 안 좋아진다. 로봇은 사람이 못하는 일을 할 수 있다. 그러니 로봇이 인간을 도우면서 일을 해야 한다.
>
>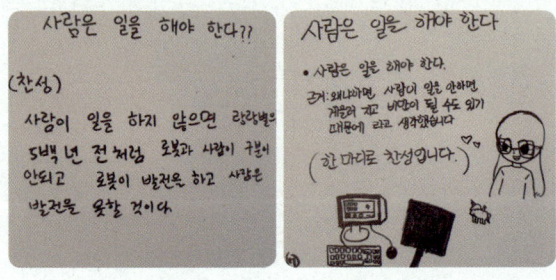

자신의 생각과 같은 입장을 선택하면 이야기하기 쉽지만, 반대의 입장은 좀 더 생각을 하게 되는 계기가 된다. 주장에 맞는 근거를 다시 생각하게 되는 것이다. 찬성의 입장이었던 사람은 반대의 입장이 되어 이야기하고, 반대의 입장이 되었던 사람은 찬성의 입장이 되어 이야기를 나누는 것이다. 1분 정도 이야기하고, 다시 1분 정도 이야기를 하면 대체로 5분의 시간이면 이야기가 모두 진행이 된다.

활동 2에 할애된 시간은 모두 10분이다. 이는 1:1 토론하는 방법을 설명하고, 근거를 찾아보는데 2~3분이 걸리고, 토론할 때 지켜야 할 점을 이야기 나누는데 2~3분이 걸린다.
어느 줄, 어느 팀, 어느 모둠이 찬성의 입장이 될 것인지 찬성과 반대로 팀을 나누는데도 시간이 걸린다. 역할을 바꾸고 주의할 점을 이야기하면 10분도 부족하다. 만약에 교실에 벌이라도 들어오면 벌을 잡느라 5분은 사라진다. 아픈 아이가 생기지 않는 상황을 감사하게 생각한다. 40분 수업은 언제나 시간이 부족하다. 언제나 뜻밖의 변수가 생길 확률이 늘 존재하기 마련이다. 그런 점을 감안하여 몇 분의 여유가 생기도록 내용을 준비하면 오히려 여유 있게 아이들의 이야기를 들을 수 있겠다.

내 생각 정리하기

이야기를 나누는 과정에서 자신의 생각이 정리될 것이다. 찬성, 반대 또는 제3의 의견으로 자신의 생각을 정리하여 세 문장 이상으로 적기로 하였다. 자신의 생각을 적은 후에 발표할 것을 예고하고 스크랩북에 적기로 하였다.

주장에 대한 근거를 생각해봄으로써 자신의 의견과 근거는 더 명확해졌을 거라 생각하고, 자신의 생각을 정성껏 글로 쓰는 과정에서 나의 생각이 정리되도록 하였다. 이러한 과정은 발표를 할 때에도 자신감을 줄 수 있어서 더 많은 아이들이 자신의 생각을 발표할 수 있는데 도움을 준다. 정성껏 글을 적은 이후에는 발표를 할 수 있다. 돌아가며 발표하기를 통하여 아이들이 모두 발표할 수도 있고, 발표하고 싶은 사람을 몇 명 지목하여 할 수도 있다. 이때에는 다른 사람의 이야기를 경청하는 태도, 발표를 격려하며 박수를 치는 태도를 강조하고 잘 실천할 수 있도록 도우면 더 좋다.

☀ 수업 닫기

마지막으로 정리 단계에서 『옛날에는 돼지들이 아주 똑똑했어요』라는 동화책을 보여준다. 이 동화책을 앞서 말한 두 가지 주장 중에 어느 것에 더 힘을 싣는 이야기인지 물어보면 아이들은 사람은 일을 해야 한다는 주장이라고 이해를 하게 된다.

책을 읽고 서로의 다른 이야기를 들어보는 것은 책 읽기 수업의 중요한 모습이다. 서로 다른 생각을 존중하는 것을 배우고, 근거를 갖고 자신의 생각을 이야기해보는 태도를 배우는 중요한 공부를 하고 있다. 아이들은 수업을 마치고도 서로 이야기를 나누는 모습을 볼 수 있었다. 의견의 근거가 빈약하더라도 서로의 이야기를 자신 있게 나누는 경험은 소중한 수업의 풍경과 경험이 될 것이다.

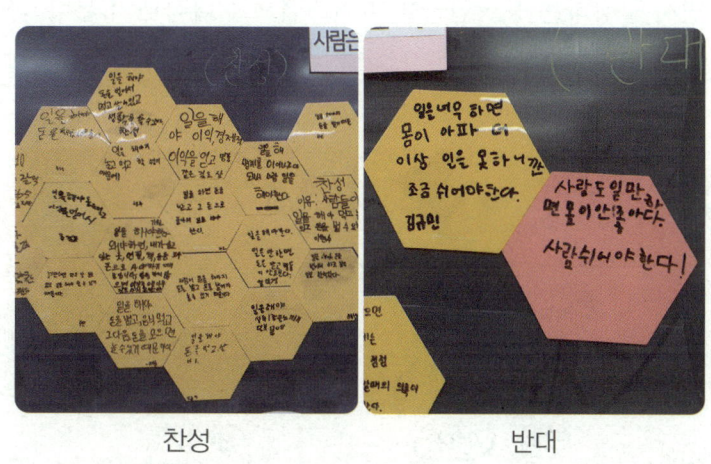

찬성 　　　　　반대

더해보기

등장인물 마인드맵

책을 읽어나가면서 등장하는 등장인물을 마인드맵으로 나타내어 본다. 장소별로 인물을 분류하면서 나타내는 것도 좋다.

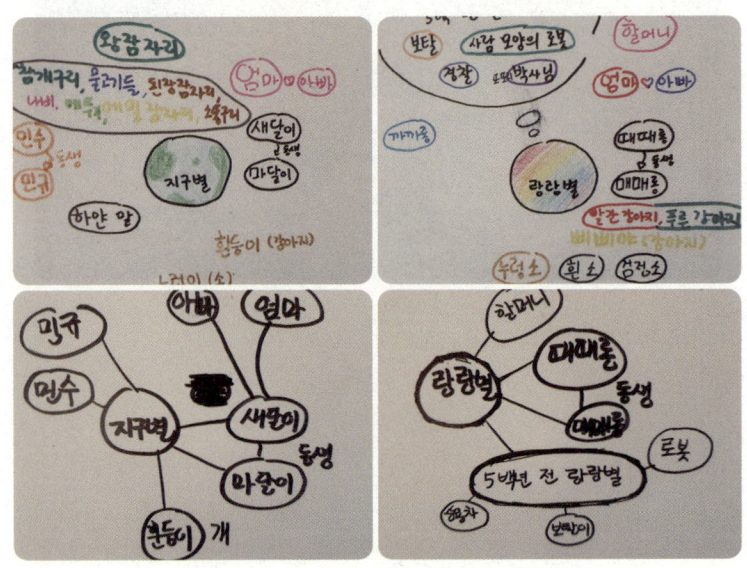

지구별과 랑랑별의 등장인물 마인드맵

별점과 한 줄 평

책을 다 읽은 후에 별점을 주고 한 줄 평으로 정리를 해본다.

감사 인사

작가에 대해서 알게 된 점을 정리하고 감사의 인사를 나누어 본다.

> 5-6학년

깨닫지 못했던 소중함 찾기
오소리네 집 꽃밭

『오소리네 집 꽃밭』
권정생 글, 정승각 그림, 길벗어린이

그림책『오소리네 집 꽃밭』은 동화책『먹구렁이 기차』에 실려 있는 동화를 권정생 선생님이 그림책 글로 다시 쓰고 정승각 선생님이 그림을 그려서 만든 책으로 평소 우리들 주변에 존재하던 것들의 아름다움과 소중함을 일깨워준다.

　회오리바람에 오소리 아줌마는 읍내 장터까지 날아간다. 실컷 구경을 하고 싶었지만 사람들에게 들킬까 봐 얼른 집으로 돌아오던 중, 울타리 사이로 학교 안의 예쁜 꽃밭을 보게 된다. 오소리 아줌마는 자기도 집에 가서 꽃밭을 만들겠다고 다짐을 하고 오소리 아저씨와 함께 꽃밭을 만들러 간다. 그런데 괭이질을 하려는 곳마다 모두 그대로 꽃밭이었다. 오소리 아줌마와 아저씨는 집 둘레에 이미 꽃밭이 있었다는 사실을 깨닫게 된다.

　권정생 선생님의 글은 따뜻함을 느낄 수 있는데 이 책 또한 그러하다. 주변에 있는 작고 소박한 것의 소중함을 미처 깨닫지 못한 우리들에게 훈계를 하는 것이 아니라 책을 통해 자연스럽게 주위를 돌아보게 만든다.

　아이들과 책을 만날 때『오소리네 집 꽃밭』표지 안쪽에 남겨진 스케치와 책 속 그림을 보고 꽃과 오소리가 어떻게 표현되었는지 얘기를 나누어 보면 좋겠다. 책 속 오소리 아줌마와 아저씨가 들꽃이 가득한 꽃밭을 인식하게 된 것처럼 다양한 활동을 통해 아이들이 주변을 둘러보고 서로가 가진 것이 소중하다는 것을 느낄 수 있기를 바란다.

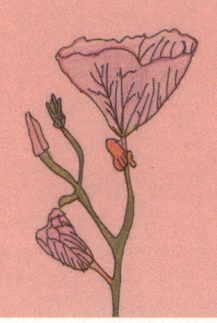

활동 내용

[6국05-05] 작품에 대한 이해와 감상을 바탕으로 다른 사람과 적극적으로 소통한다.
[6미01-02] 대상이나 현상에서 시각적 특징을 발견할 수 있다.
[6도04-01] 긍정적 태도의 의미와 중요성을 알고, 어려움을 극복하기 위한 긍정적 삶의 태도를 습관화한다.
[6실04-02] 생활 속 식물을 활용 목적에 따라 분류하고 가꾸기 활동을 실행한다.

단계	차시	활동 요소	주요 활동 내용	교과
독서 전	1-2	들꽃과 만나요	표지 보며 이야기 나누기 함께 책 읽고 이야기 나누기, 글의 흐름 이해하기 들꽃과 만나기 - 오소리네 집 꽃밭 들꽃, 재미있는 이름의 들꽃 만나기	국어
독서	3-4	세밀화 그리기	학교에 핀 꽃을 찾아 세밀화 그리기 * 대안 활동: 나를 닮은 꽃 표현하기, 풀꽃 그림 그리기	미술
	5-6	내가 찾은 보물	기억에 남는 문장, 인상 깊은 장면 찾아 생각 나누기 오소리 아줌마, 아저씨가 되어 연극하기 긍정의 보물찾기	국어 도덕
독서 후	7-8	꽃밭 소개서	학교 꽃밭 만들기 등장인물에게 편지 쓰기	실과 국어

* '깨닫지 못했던 소중함 찾기'를 주제로 한 프로젝트 수업을 활동 내용으로 제시하였다.
  통합 교과, 창의적 체험활동, 관련 주제를 담은 교과 시간을 활용하면 다른 학년도 수업이 가능할 것이다.

1-2차시 수업 풍경(80분)

수업 주제: 들꽃과 만나요
성취 기준: [6국05-05] 작품에 대한 이해와 감상을 바탕으로 다른 사람과 적극적으로 소통한다.
준비물: 『오소리네 집 꽃밭』책, 허니컴보드, 들꽃 사진, 태블릿 PC, 색연필, 캘리그라피 용지

표지 보며 이야기 나누기

표지를 보면서 작가와 출판사를 알아보고, 어떤 생각이 드는지 이야기를 나눈다.

- 그림책 「오소리네 집 꽃밭」 글과 그림 작가는 누구인가요?
- 출판사는 어디인가요?
- 제목, 표지 그림을 보며 어떤 생각이 드나요?

제목, 표지의 그림을 보면서 드는 생각을 돌아가며 이야기를 해본다. 오소리 아줌마의 뒷모습, 하고 있는 일에 대해 자신의 생각을 말한다.

- 표지에 '민들레 그림책2'라고 되어 있어서 오소리네 집 꽃밭에 민들레가 있을 것 같아요.
- 오소리 아줌마가 울타리 사이로 무엇인가 몰래 보는 그림 같은데 검은색 둥근 테두리가 있어서 우리가 오소리 아줌마를 몰래 보는 기분이 들어요.
- 오소리 아줌마 뒷모습이 우리 할머니께서 일 바지를 입은 모습 같아 재미있어요.
- 오소리 아줌마 꼬리를 보니 우리 집 개처럼 뭔가 기분 좋은 일이 생긴 것 같아요.

표지 왼쪽 위 『민들레 그림책』 글자와 그림을 연결해서 이야기하는 아이가 있었다.
※ 『민들레 그림책』은 자연과 생명의 소중함을 주제로 담은 출판사의 동화 시리즈임.

책 읽고 이야기 나누기

교사가 읽어주기, 학생이 돌아가며 소리 내어 읽기, 교사가 줄글을 읽고 학생이 오소리 아줌마와 아저씨 대사 부분 읽기 등의 방법을 활용하여 책을 읽는다. 아이들과 함께 그림 작가가 남겨놓은 표지 안쪽 스케치, 책 내용에 대해 이야기를 나눈다.

> 🧒 표지 안쪽 스케치에는 어떤 그림과 글이 있나요? 그 글과 그림을 보며 무슨 생각이 들었나요?
>
> 👧 오소리의 색깔, 몸통과 다리 모습, 꼬리 길이, 번식 등에 대한 것이 나와요. 식물 그림 스케치 옆에는 꽃 이름과 색깔이 나와요. 그림 작가님이 그림책에 나오는 동물과 꽃을 진짜 관찰하고 상상을 더해서 그린 것 같아요.
>
> 🧒 책 표지 오소리 아줌마가 보고 있었던 것은 무엇이었나요? 오소리 아줌마는 무엇을 하고 싶어 했나요?
>
> 👧 울타리 사이로 학교 안을 들여다보았어요. 운동장 둘레에 있는 예쁜 꽃밭에서 봉숭아, 채송화, 접시꽃, 나리꽃, 그리고 다른 꽃들도 보았어요. 집으로 가서 예쁜 꽃밭을 만들겠다고 혼잣말을 했어요.
>
> 🧒 오소리네 집 꽃밭에는 어떤 꽃이 피어 있을까요?
>
> 👧 패랭이꽃, 용담꽃, 잔대꽃, 도라지꽃이 피어있어요. 봄에는 진달래, 개나리, 가을에는 산국화가 핀다고 했어요.

『오소리네 집 꽃밭』이야기의 전체적인 흐름을 이해한다.

아이들은 허니컴보드에 오소리 아줌마가 있었던 곳을 쓰고 이야기의 차례에 맞게 칠판에 붙였다. 장소별 일어난 일을 함께 정리하는 활동을 통해 이야기 전체 내용을 이해하였다.

오소리네 집 꽃밭 들꽃과 만나기

『오소리네 집 꽃밭』에 나오는 들꽃과 만나는 시간을 가진다.

- 「오소리네 집 꽃밭」에 나오는 패랭이꽃, 잔대꽃, 용담꽃, 도라지꽃의 모습, 꽃이 피는 시기, 꽃의 모양, 꽃말 등을 태블릿 PC를 이용하여 찾고 들꽃 카드를 만들어 봅시다.
- 「오소리네 집 꽃밭」에 나오는 들꽃 이름의 유래를 찾아 이야기해 봅시다.

교사가 나누어준 들꽃 사진, 캘리그라피 용지(우편엽서 크기)를 활용하여 오소리네 집 꽃밭 들꽃 카드를 만들면서 들었던 생각이나 느낌, 들꽃 이름의 유래에 대해 이야기를 나눈다.

- 친구들과 함께 들꽃 카드를 만들어보니 그림책 속 들꽃의 모습이 더 예쁘고 선명하게 느껴져요.
- 꽃이 피는 시기를 보니 오소리 아줌마는 여름 꽃밭에 있어요.
- 도라지꽃은 도라지라는 이름의 처녀가 상사병에 걸려 죽은 무덤가에 꽃이 피어났다는 이야기가 있어요.
- 용담꽃은 뿌리의 맛이 쓸개처럼 쓰다고 붙여진 이름이라고 해요.
- 패랭이꽃은 꽃 모양이 옛날에 썼던 패랭이 모자를 닮았다고 붙여졌데요. 들꽃 이름의 유래 찾아보니 이름이 재미있고 붙여진 이유가 있다는 것을 알았어요.

재미있는 이름의 우리나라 들꽃과 만나기

우리나라의 산과 들에 핀 재미있는 이름의 들꽃을 태블릿 PC를 활용하여 조사하여 본다. 캘리그라피(캘리그래피) 용지에 들꽃 그림, 이름이 붙여진 이유, 꽃말, 꽃이 피는 시기 등을 적은 들꽃 카드를 만들어 전시하고 이야기를 나눈다.

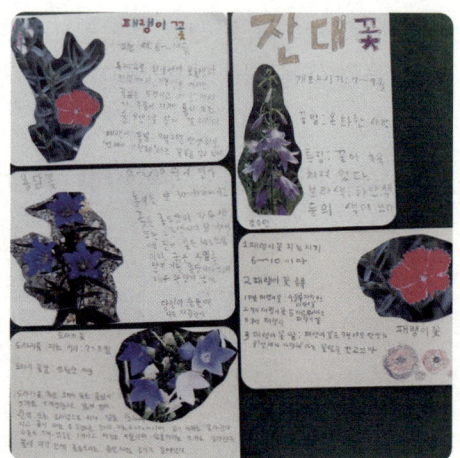

『오소리네 집 꽃밭』 들꽃 카드

재미있는 이름의 우리나라 들꽃 카드를 만들면서 어떤 생각이 들었나요?

- '깽깽이 꽃'처럼 꽃이 피는 시기를 보고 붙여진 이름이 있다는 것을 알았어요.
- 꽃이나 잎의 모양을 보고 이름을 붙인 들꽃이 있다는 것을 알았어요.
- 들꽃에 전해지는 이야기가 있다는 것을 알았어요.
- '미치광이풀'의 이름은 잊지 못할 것 같아요.

앞으로 주변 들꽃을 보면 어떻게 하고 싶나요?

- 그냥 잡초로 보지 않고 좀 더 자세히 살펴보아야겠어요.
- 들꽃을 자세히 관찰하고 재미있는 이름을 붙여주고 싶어요.

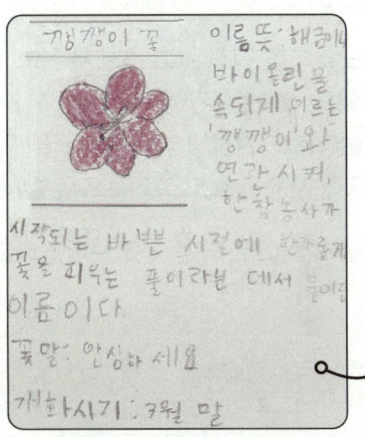

해금이나 바이올린을 속되게 이르는
'깽깽이'와 연관시켜
한창 농사가 시작되는 바쁜 시기에
한가롭게 꽃을 피우는
풀이라는 데서 붙여진 이름이다.

재미있는 이름의 들꽃 카드

3-4차시 수업 풍경(40분)

수업 주제: 세밀화 그리기
성취 기준: [6미01-02] 대상이나 현상에서 시각적 특징을 발견할 수 있다.
준비물: 『오소리네 집 꽃밭』책, 스크랩북, 학습지, 네임펜, 사인펜이나 색연필, 필기구

학교에 핀 꽃 세밀화 그리기

『오소리네 집 꽃밭』의 그림은 자세히 오래 관찰한 그림 작가의 노력에 의해 탄생되었다. 아이들이 권정생 선생님의 글을 더 멋진 그림책으로 만들 그림 작가가 되어 보는 시간을 가져보도록 본다.

> 정승각 그림 작가님은 동물원을 찾아가 오소리를 직접 보고 스케치 하고, 들꽃을 오래 자세히 관찰하여 그렸다고 해요. 지난 시간에 여러분이 책 표지 안쪽에서 본 스케치는 그 흔적이라고 할 수 있어요. 여러분도 권정생 작가님의 글을 더 멋지게 만들 그림 작가가 되어 학교에 핀 꽃을 오래 자세히 보고 그려보도록 합시다.
>
> 오소리 아줌마가 우리 학교에 왔다면 울타리 사이로 어떤 꽃을 보았을까요?

교실을 벗어나 학교 곳곳을 살펴보며 꽃들을 관찰한 후 그려보는 시간을 가진다.

- 선생님, 학교에 잔뜩 핀 저 분홍꽃 이름이 뭐예요? (낮달맞이꽃이야.) 오소리 아줌마는 낮달맞이꽃을 보고 감탄했을 거예요. (교사가 달맞이꽃에 담긴 이야기 들려주기)
- 국화를 닮은 진한 분홍꽃도 있네요. (소나무 잎처럼 생겼고 국화를 닮아서 송엽국이라고 하지.) 아, 송엽국도 보았을 거예요.

- 예쁘게 핀 민들레도 보았을 거예요. 지난번에 왔다면 진달래, 꽃잔디, 냉이꽃, 꽃다지도 보았을 거구요. 다음번에 오면 접시꽃, 나팔꽃, 봉숭아도 볼 수 있을 거예요.
- 와! 우리 학교에 정말 많은 꽃이 있었네요. 꽃 보물을 찾은 기분이에요.

학교에 매년 피었던 꽃이지만 올해 처음 본다며 감탄을 하는 아이, 꽃과 잎의 모양을 설명하며 꽃 이름이 무엇인지 물어보는 아이, 사진으로 찍어서 그림을 그리겠다며 '자, 김치!'하며 사람을 대하듯 꽃의 모습을 찍는 아이가 있었다. 아이들은 학교의 꽃들에 대해 관심을 가지고 자세히 관찰한 후 그림을 그렸다.

사진 촬영   낮달맞이꽃 세밀화 그리기

『봄 여름 가을 겨울 풀꽃과 놀아요』 글·그림 박신영/사계절, 좌
책을 참고로 그린 세밀화, 우

실물, 사진을 보고 그리기 힘든 아이들은 책 속의 세밀화를 참고하여 그림을 그렸다.

5-6학년 오소리네 집 꽃밭

대안 활동

나를 닮은 꽃 표현하기

식물의 특징을 생각하여 자신과 닮은 꽃과 들풀의 모습을 표현하도록 한다. 자신을 닮은 들풀을 세밀화와 상상을 더해 자신의 모습으로 표현하는 활동을 통해 평소 주변에 존재해 있던 식물에 대해 관심을 가지고 자세히 오래 관찰하며, 작은 식물도 소중히 대하는 계기를 마련할 수 있다.

민들레 씨가 바람을 타고 멀리까지 날아가는 게 항상 여기저기 다니는 나와 비슷합니다.
그리고 밟혀도 다시 일어나는 강한 생명력을 가진 것이 자주 넘어져도 씩씩하게 일어나는 나와 닮았다고 생각합니다.

다시 일어나는 '민들레'

새는 무리지어 자라는데 나도 무리에 속해있습니다.
나도 새처럼 키가 큽니다.
항상 꼿꼿하게 서 있는 것 같지만 바람이 불면 흔들리는 모습도 나와 비슷합니다.

함께 있어 즐거운 '새'

풀꽃 그림 그리기

오소리 아줌마가 되어 학교 곳곳의 꽃을 관찰할 때 채집한 꽃을 누름꽃으로 만들어 수업에 활용할 수 있다. 쉬는 시간을 이용하여 만든 누름꽃(꽃잔디, 산수유, 냉이, 꽃다지 등)을 미술, 창의적 체험활동 등 관련 교과 시간에 활용하면 그림에 자신이 없는 아이들도 재미있게 수업에 참여하며 창의적인 풀꽃 그림으로 표현을 할 수 있다.

해바라기꽃에 앉은 나비
나비의 날개를 냉이와 꽃다지로 표현함

누름꽃 만들기

불꽃놀이
불꽃을 산수유로 표현함

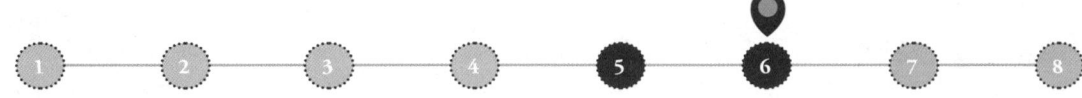

5-6차시 수업 풍경(80분)

수업 주제: 내가 찾은 보물
성취 기준: [6국05-05] 작품에 대한 이해와 감상을 바탕으로 다른 사람과 적극적으로 소통한다.
[6도04-01] 긍정적 태도의 의미와 중요성을 알고, 어려움을 극복하기 위한 긍정적 삶의 태도를 습관화한다.
준비물: 『오소리네 집 꽃밭』책, 포스트잇, 필기구, 일 바지, 허니컴보드

기억에 남는 문장, 인상 깊은 장면 생각 나누기

기억에 남는 문장, 인상 깊은 장면을 찾아 생각을 나누어 보도록 한다.

- 그림책 『오소리네 집 꽃밭』에서 기억에 남는 문장을 이야기해 봅시다.
- 인상 깊은 장면은 어디인가요? 포스트잇에 이유를 써서 그림책 장면에 붙여 보세요.

기억에 남는 문장을 돌아가며 이야기를 해본다. 인상 깊은 장면과 그 이유를 포스트잇에 써서 그림책의 해당 장면에 붙이고 친구들의 다양한 생각을 살펴보도록 한다.

- "여기도 저기도 다 꽃인데, 어디 틈난 데가 있어야지."
- "우리 집 둘레엔 일부러 꽃밭 같은 것을 만들지 않아도 이렇게 예쁜 꽃들이 지천으로 피었구려."
- 오소리 아줌마가 운동장 둘레에 예쁜 꽃밭을 보는 장면. 오소리 아줌마가 입을 벌리고 감탄하는 초롱초롱한 눈빛 때문에

- 오소리 아줌마가 회오리바람에 날려갔다가 집으로 돌아와서 시치미 떼는 장면. 사실대로 말하지 않았고, 아줌마의 모습이 재미있어서
- 오소리 아저씨 부려먹은 거. 오소리 아저씨는 왜 화내지 않았는지 참은 건지 대단하다.
- 오소리 아저씨가 쪼려고 할 때 모든 것이 꽃이라며 쪼지 말라고 한 오소리 아줌마가 나오는 장면. 아저씨가 웃겨서, 아저씨가 화를 안 내서 웃겼다.

인상 깊은 장면에 붙인 포스트잇

아이들은 친구들이 생각하는 인상 깊은 장면과 이유가 궁금해서 그림책을 다시 읽었으며 포스트잇에 적혀 있는 것을 살펴보는 활동을 통해 나와 같거나 다른 장면, 이유에 대해 생각하는 시간을 가질 수 있어서 좋다고 말하였다.

연극하기

『오소리네 집 꽃밭』의 주요 장면을 생각하며 대본을 작성하여 연극을 한다. 오소리 아줌마와 아저씨 이외의 등장인물은 아이들이 정하도록 한다.

아이들은 2차시에 조사한 꽃 이름 유래와 특징을 넣어 꽃들을 등장인물로 넣고 싶어 하였으며 연극 대본은 틈새 시간을 활용하여 수업 전에 작성하였다.

연극대본

나오는 인물: 오소리 아줌마, 오소리 아저씨, 패랭이꽃, 잔대꽃, 용담꽃, 도라지꽃
때와 곳: 현재 잿골 오소리네 집

오소리 아저씨가 집안을 왔다갔다 하고 있고 오소리 아줌마가 빠른 걸음으로 잿골 집을 향해 가고 있다.

오소리 아줌마: (집에 들어서다 말고 혼잣말로) 회오리바람에 읍내 장터까지 날아가서 떨어진 건 놀랐지만 근처 학교에서 꽃밭을 보게 되어서 너무 좋았어.
나도 예쁜 꽃밭을 만들어야지.

오소리 아저씨: (집으로 들어오는 오소리 아줌마를 보며 걱정스러운 목소리로) 어디 갔다 이제 오우? 아까 회오리바람에 날려 간 것 같아 걱정하고 있었소.

오소리 아줌마: (시치미를 뚝 떼며) 저, 읍내 장에 다녀왔어요.
제 발로 걸어서 여기저기 구경을 했어요. (서둘러 말하며) 우리 꽃밭을 만들어요.

오소리 아저씨: 갑자기 무슨 꽃밭을 만들자는 거요?

오소리 아줌마: 그냥 예쁜 꽃밭이요. (오소리 아줌마와 아저씨는 괭이를 들고 집 밖으로 나간다.)

오소리 아저씨: (괭이를 밭을 일구며) 영차!

패랭이꽃: 아야, 멈춰요! 저는 소중한 패랭이 꽃이에요.
꽃 모양이 옛날 사람들이 썼던 패랭이 모자를 닮았죠?

오소리 아줌마: (황급히 아저씨의 팔을 붙잡으며) 아니, 여보! 그건 패랭이꽃이잖아요?
쪼지 마세요! 패랭이꽃아, 미안해.

오소리 아저씨: (다른 쪽으로 돌아서서 괭이를 번쩍 들고 땅을 쪼며) 영차!

잔대꽃: (눈물을 흘리며) 저를 쪼지 마세요. 하늘빛 물든 예쁜 보라색 꽃을 아프게 하지 마세요.

오소리 아줌마: (깜짝 놀라며) 에구머니! 그건 잔대꽃이잖아요? 쪼지 마세요!

오소리 아저씨: (조금 비켜 나와 땅을 쪼며) 아이구, 힘들어. 영차!

용담꽃: 아저씨, 살려주세요. 저는 뿌리가 용의 쓸개처럼 맛이 쓰다고 해서
'용담'이라고 불려요. 자주색 꽃도 이쁘지만 뿌리는 약으로 쓰여요.

오소리 아저씨: 용담, 미안! (어느 쪽으로 쪼아야 할지 머뭇거리며)
그럼 대체 꽃밭을 어디다가 만들자는 거요?

도라지꽃: 이쪽에도 안 돼요. 저도 여기 있어요. 저는 뿌리는 나물무침, 약으로 사용되니 사람들에게 도움이 된답니다.

오소리 아줌마: (여기저기 둘러보며) 도라지야, 넌 보랏빛 하얀빛 별처럼 빛나는 예쁜 통꽃을 가졌구나. 여보, 꽃이 안 핀 곳을 찾아보세요.

오소리 아저씨: 우리 집 둘레엔 일부러 꽃밭 같은 것을 만들지 않아도 이렇게 예쁜 꽃들이 지천으로 피었으니 꽃밭을 만들 필요가 없는 것 같구려.

오소리 아줌마: 그건 그래요. 이른 봄부터 진달래랑 개나리랑 가을 산국화까지 피고 지고 또 피니까요.

오소리 아저씨: (하하 웃으며) 겨울이면 하얀 눈꽃이 온 산 가득히 피는 건 잊었소?

오소리 아줌마, 오소리 아저씨, 꽃들: (모두 같이 웃으며) 하하하, 호호호…….

웃음이 오소리네 집 산비탈에 퍼져 갑니다.

대본 작성하기　　　　낭독극하기　　　　연극하기

회오리바람에 읍내 장터까지 날아가서 떨어진 오소리 아줌마가 집에 돌아와서 아저씨에게 꽃밭을 만들자고 하는 장면

한 아이가 할머니의 일 바지를 가져와서 연극에 사용하였다. 오소리 아줌마를 상징하는 일 바지로 연극에 흥미를 더할 수 있었다.

긍정의 보물찾기

내 주변에 있는 소중한 것을 찾아 이야기를 나누어 본다.

- 집, 학급, 학교에서 긍정의 힘을 주는 보물을 찾아봅시다.
- 나에게 긍정의 힘을 주는 보물을 허니컴보드에 적어 칠판에 붙여 봅시다.

허니컴보드에 긍정의 힘을 주는 보물을 적고 칠판에 게시한다. 긍정의 보물을 지키기 위해 할 수 있는 일을 이야기 한다.

- 저에게 긍정의 힘을 주는 보물은 나랑 같이 놀 수 있는 친구들, 나를 반겨주는 그림책입니다.
- 집에서 나를 기다려주는 내 인형들, 학교에 심은 해바라기들이 제 긍정의 보물입니다.
- 친구를 소중히 하고 긍정의 보물을 아낄 거예요.

긍정의 보물찾기

☀ 프로젝트 수업을 마무리하며

수업에 대한 소감 발표하기

'깨닫지 못했던 소중함 찾기' 프로젝트 학습 소감을 발표한다. 8차시 마지막 부분에서 아이들이 5분 정도 소감을 발표할 시간을 가진다.

- 우리 학교 앞에 있는 저 산에 오소리 아줌마와 아저씨가 자연 그대로의 꽃밭을 바라보며 있을 거예요. 가끔 우리 학교 꽃밭에도 구경을 오겠지요.
- 학교의 꽃을 볼 때마다 권정생 선생님의 『오소리네 집 꽃밭』이 떠오를 것 같아요.
- 평소에 소중한 것을 내가 잘 느끼지 못했지만 프로젝트를 통해서 늘 옆에 있었다는 것을 생각하게 되었어요.

국어, 미술, 도덕, 실과 등의 관련 교과 시간을 활용하여 프로젝트 수업을 실시하면서 국어 독서 단원이 아니더라도 시간을 확보하여 아이들이 책에서 생활로, 생활에서 책으로 오가는 다양한 활동을 할 수 있었다.

학교는 도시 아이들도 시골 아이들도 다양한 식물을 접할 수 있는 공간이다. 자연을 자주 접하지 못하는 도시 아이들과 늘 가까이에 있기에 살펴보지 않고 당연하게 여겼던 시골 아이들 모두가 학교에서 자세히 식물을 살펴보는 활동을 통해 소중한 것이 내 곁에 있었다는 것을 느낄 수 있을 것이다. 그런 점에서 『오소리네 집 꽃밭』은 아이들이 오소리 아줌마가 되어 학교 곳곳의 꽃을 살펴보는 기회를 가지게 하며, 내 주변에 있는 것의 소중함을 느낄 수 있게 도와주는 책이라 생각한다.

3-4학년

먹구렁이야, 정말 미안해
먹구렁이 기차

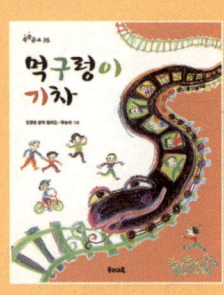

『먹구렁이 기차』
권정생 글, 유승하 그림, 우리교육

「먹구렁이 기차」는 『먹구렁이 기차』 동화집에 실린 이야기 중 하나이다. 권정생 선생님이 첫 번째로 낸 책 『강아지똥』이라는 동화집의 출판이 끊겨 책이 없었는데, 그 책에 실렸던 동화와 나중에 썼던 몇 편의 동화를 보태어 다시 책을 내게 되었다. 고학년이 읽기에 좋은 『깜둥바가지 아줌마』와 저학년 어린이들이 읽기에 좋은 『먹구렁이 기차』로 다시 엮어내었다. 특히 이 책에 실린 「강아지똥」은 선생님이 정본으로 삼았으면 좋겠다고 밝히기도 했다.

「먹구렁이 기차」를 읽으면 마음이 먹먹해진다. 봄이 되어 먹구렁이 가족은 땅 위로 나온다. 각자 용감하게 살아가라며 가족이 모두 헤어진다. 막내 먹구렁이는 아이들이 꿈을 이야기하는 것을 보고 자신도 꿈을 꾸기 시작한다. 끊어진 길을 넘나드는 훌륭한 기차의 꿈을. 팽나무 할아버지도 들국화도 먹구렁이를 응원하지만, 먹구렁이는 아이들에 의해 죽고 만다. 먹구렁이는 꿈속에서 기차가 되어 떠나는 것으로 이야기가 끝이 난다.

남북으로 나뉜 우리나라 통일에 대한 염원은 교사가 이야기를 꺼내지 않으면 아이들이 잘 생각하지 못하는 부분이다. 그것보다 생명을 함부로 대하는 아이들에 대한 생각, 저마다 가진 꿈을 응원하는 사람과 그렇지 않은 사람들에 대한 생각으로 더 많은 이야기가 오간다.

먹구렁이의 생명을 아이들이 앗아가는 마지막 장면은 읽으면서 많이 놀라는 장면이다. 대부분의 선생님의 동화가 그렇듯이 먹구렁이도 한없이 착하다. 먹구렁이 기차에 아이들이 타자고 하면 먹구렁이는 당연히 태워줄 것 같다고 한다. 먹구렁이야, 정말 미안해.

활동 내용

[4국02-05] 읽기 경험과 느낌을 다른 사람과 나누는 태도를 지닌다.
[4국03-05] 쓰기에 자신감을 갖고 자신의 글을 적극적으로 나누는 태도를 지닌다.
[4국05-05] 재미나 감동을 느끼며 작품을 즐겨 감상하는 태도를 지닌다.

난계	시간	공부 순서	병풍책
독서 전 독서	1	1. 수업 약속하기 2. 나도 나만 게임-웃음으로 시작 3. 표지 보며 내용 예상하기 4. 병풍책 만들기 5. 책 읽기(126~130쪽) 6. 내용 질문 7. 한 문장 요약 말하기	1쪽- 주인공 그리기 이름 특징 인상 깊은 말이나 행동
독서	2	1. 책 읽기(131~136쪽) 2. 내용 이해 및 이야기 나누기 - 자신의 삶과 관련 짓는 질문 3. 이야기 나누기 4. 등장인물 마인드맵 5. 한 문장 요약 말하기	2쪽- 등장인물 이야기를 읽으면서 계속 기록해나가기
독서	3-4	1. 이런 사람 일어나세요. 공감 활동 2. 책 읽기(137~147쪽) 3. 선생님이 읽어주기/돌아가며 책 읽기 4. 혼자서 책 읽기 5. 내용 이해 6. 나의 꿈, 나의 노력 - 꿈을 위해 노력하고 있는 일 - 꿈을 위해 노력해야 할 일	3쪽- 난 이담에 자라서 무엇이 될까? 먹구렁이가 노력한 일. 내가 노력하고 있는 일
독서 후	5-6	1. 책 읽기(148~158쪽) 2. 내용 이해 3. 등장인물에게 상장 주기 4. 등장인물에게 주의 주기	4쪽- 등장인물에게 상장, 주의 주기
독서 후	7	신호등 토론하기 줄거리 말하기 좋은 문장 찾기 별점 주기	뒷표지- 좋은 문장 찾기

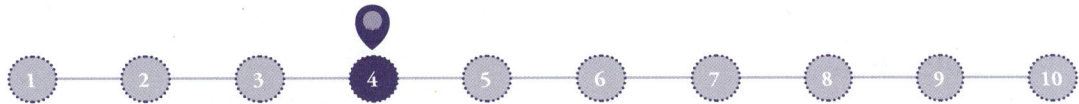

4차시 수업 풍경(40분)

수업 주제: 읽은 내용 이야기 나누기
성취 기준: [4국02-05] 읽기 경험과 느낌을 다른 사람과 나누는 태도를 지닌다.
준비물: 『먹구렁이 기차』책, 병풍책, 사인펜이나 색연필, 네임펜 등
 (병풍책은 8절 도화지를 병풍 모양으로 접어서 책 읽는 동안 활동 내용 기록용으로 사용)

총 10차시

내용 질문

먹구렁이는 봄이 되어 땅 위로 나온다. 먹구렁이는 아이들이 꿈을 이야기하는 것을 듣게 된다. 자신도 무엇이 될까 고민을 한다. 그리고 드디어 먹구렁이도 꿈이 생겼다. 아이들과 글을 읽은 후 내용 질문을 한다.

- 기차가 더 이상 못가는 까닭은? (138쪽 사람들이 싸움을 해서)

- 먹구렁이가 되고 싶어하는 것은? (138쪽 기차)

- 팽나무 할아버지가 먹구렁이에게 어떤 말로 힘을 주었나?
 (138쪽 그래 훌륭한 기차가 되어라)

- 기차가 되기 위해 먹구렁이가 한 일은? (139쪽 운동하기, 기어가기, 달리기, 뺑뺑이 체조하기, 물 위를 헤엄쳐 가기, 모가지를 쭉쭉 뻗기 등)

- 위대한 꿈을 꾸려면 마음씨가 어때야 한다고 버드나무 할머니가 말했나?
 (142쪽 너그러워야)

- 버드나무 할머니가 조심하라고 한 것은? (146쪽 겹으로 담 쌓기를 좋아하는 사람들)

- 사람들은 왜 자꾸 슬픈 일을 만든다고 하였나? (146쪽 서로 잘난 체 하느라)

먹구렁이의 꿈

 먹구렁이의 꿈과 자신의 꿈을 위해 노력하는 일을 찾고, 나의 꿈과 내가 노력하는 것을 찾아본다. 꿈은 내가 어떤 사람으로 살아갈 것인지에 대한 생각이다. 구체적으로 어떤 일을 하고 싶은 사람인지 나타내도 좋다.

먹구렁이의 꿈은 기차가 되는 것:
먹구렁이는 운동하기, 기어가기, 달리기, 체조하기, 몸 쭉쭉 늘리기 등을 노력하며 살고 있다.

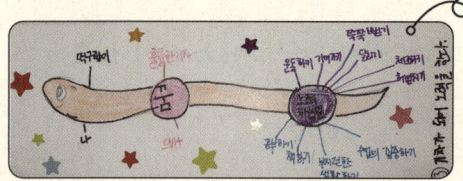

의사가 꿈인 나

내가 노력하는 일:
공부하기, 책 읽기, 부지런한 생활하기, 수업에 집중하기

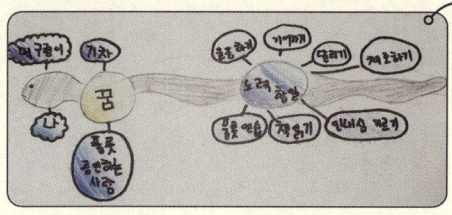

플룻을 공연하는 사람이 꿈인 나

내가 노력하는 일:
플룻 연습, 책 읽기, 인내심 기르기

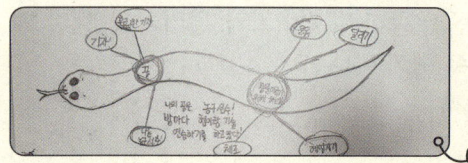

나의 꿈은 농구 선수

내가 노력하는 일:
밤마다 형이랑 기술 연습하기를 하고 있다.

6차시 수업 풍경(40분)

수업 주제: 등장 인물에게 상장 주기
성취 기준: [4국02-05] 읽기 경험과 느낌을 다른 사람과 나누는 태도를 지닌다.
준비물: 『먹구렁이 기차』책, 병풍책, 사인펜이나 색연필, 네임펜 등
  (병풍책은 8절 도화지를 병풍 모양으로 접어서 책 읽는 동안 활동 내용 기록용으로 사용)

상장과 주의 주기

먹구렁이 기차에 나온 인물을 보면서 아이들의 생각을 나누어본다. 상을 주고 싶은 인물과 그 이유, 주의를 주고 싶은 인물과 그 이유를 생각해보며 각각 상장과 주의를 준다.

용감하고 착한 먹구렁이와 먹구렁이에게 힘을 주는 팽나무 할아버지, 그리고 버드나무 할머니와 들국화에게 상장을 주고 싶다는 아이들이 많았다. 등장인물로 나오는 사람(아이들)에 대해 주의를 많이 주었는데 이것은 먹구렁이를 함부로 대하고 죽이는 장면 때문이다.

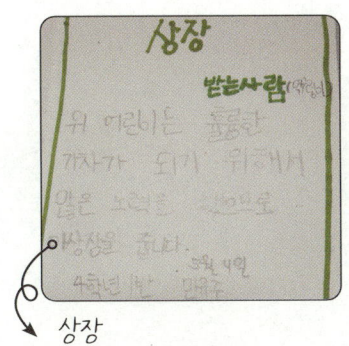

상장
받는 사람: 먹구렁이

위 어린이는 훌륭한 기차가 되기 위해서 많은 노력을 했으므로 이 상장을 줍니다.

상장
받는 사람: 먹구렁이

항상 기쁘고 다른 사람에게 기분 나쁜 말을 안해서 상장을 줌.

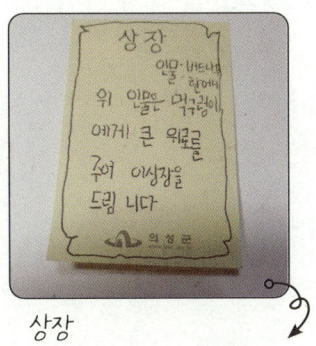

상장
받는 사람: 버드나무 할머니

위 인물은 먹구렁이에게 큰 위로를 주어 이 상장을 드립니다.

좋은 문장 찾기

책을 읽다보면 아이들도 글을 읽으며 생각을 깊이 하는구나 느낄 때가 많은데, 그중에 가장 크게 마음에 와닿을 때는 좋은 문장을 정리할 때이다. 어른 못지않게 마음에 새겨두면 좋을 말을 찾아서 이야기를 나눌 때에는 조그맣던 아이들이 이렇게나 컸구나 대견스럽다. 콕 집어서 어느 문장이 좋다고 이야기하지 않아도 용기를 주거나 격려를 하거나 노력을 하거나 다른 사람의 마음을 어루만지는 위로의 말들을 잘 찾아낸다.

- 네가 바라면 무엇이나 될 수 있어.
- 그래, 훌륭한 훌륭한 기차가 되어라.
- 나는 온 세상을 찾아다니며 막힌 곳을 틔워 놓겠어.
- 따로 따로 숨어 다니면서 용감하게 살아가는 거야.
- 나는 온 세상을 찾아 다니며 막힌 곳을 틔워 놓겠어.
- 위대한 꿈을 꾸며 죽자고 공부하는 중이에요.
- 난 농부가 될 테야. 흙을 만지고 나무를 가꾸는 착한 농부 말야.
- 들국화야, 내가 가버리면 너 혼자 남겠구나.

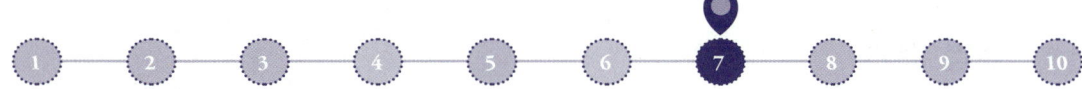

7차시 수업 풍경(40분)

수업 주제: 읽은 내용 이야기 나누기
성취 기준: [4국02-05] 읽기 경험과 느낌을 다른 사람과 나누는 태도를 지닌다.
준비물: 『먹구렁이 기차』책, 병풍책, 사인펜이나 색연필, 네임펜 등
 (병풍책은 8절 도화지를 병풍 모양으로 접어서 책 읽는 동안 활동 내용 기록용으로 사용)

 아이들은 지난 시간까지 「먹구렁이 기차」를 모두 읽었다. 이 시간은 마지막으로 「먹구렁이 기차」의 생각과 느낌을 나누는 시간을 갖는다. 먼저, '이런 사람 일어나세요.'라는 활동을 통하여 서로 비슷하게 생각하는 부분을 찾아본다. 같은 맥락으로 신호등 토론을 해 본다. 지금까지 읽은 내용을 다함께 줄거리를 정리해 보고, 병풍책을 정리하면서 마무리를 한다. 『먹구렁이 기차』책에는 표제작인 「먹구렁이 기차」를 비롯하여 총 11개의 이야기가 나온다. 책을 사자마자 다 읽었다며 자랑하는 아이도 있었다. 책을 읽는 좋은 습관을 지녔다고 칭찬하였다. 우리가 책을 이렇게 함께 읽는 이유는 여러 번 읽기 위한 것도 있다. 책 속의 「강아지똥」이 그림책으로 익히 접했던 내용과 다른 것을 발견하기도 한다. 머리말에 권정생 선생님이 밝힌 정본으로 삼아달라는 말을 기억하는 아이도 있다. 다음 시간을 위하여 11개의 이야기를 간단하게 소개하고 특히 먹구렁이 기차 이야기에 별점을 주면 몇 점을 줄 것인지, 한 문장으로 느낌을 나타내면 어떻게 할 것인지를 자세하게 설명하고 연습하여 다른 이야기를 읽을 때 도움이 되도록 한다.

수업 열기

먹구렁이 책을 읽으면서 어떤 생각과 느낌이 들었는지 자유롭게 이야기를 나누어본다.

이런 사람 일어나세요

"'이런 사람 일어나세요.'를 하겠습니다. 선생님이 먼저 하겠습니다."
"먹구렁이가 꿈을 이루었다고 생각하는 사람 일어나세요. 하나, 둘, 셋!"
일어난 사람 중에 1~2명에게 이유를 물어본다. 같은 방법으로 아이들이 1~2개의 질문으로 같은 생각을 지닌 사람이 일어나보는 활동을 한다.

신호등 토론

방금 이야기를 나누었던 '이런 사람 일어나세요' 활동 중에 반쯤 일어난 아이가 있었다. 찬성도 아니고 반대도 아닌 것이다. 신호등 토론은 이런 사람을 위하여 활용할 수 있다. 찬성도 아니고 반대도 아닌 학생은 신호등의 노란색을 활용하여 자신의 생각을 나타내면 된다. 아이들에게 신호등 세트를 나누어준다.

신호등을 모두 받았는지 확인하고 3가지 색이 모두 있는지 확인하면 시간은 2~3분 정도 훌쩍 지나간다. 수업 전에 신호등을 모두 확인해보지만 더러는 의도치 않게 불량 신호등이 들어있을 수 있다. 보드판을 활용하여 골든벨 수업을 할 때 미리 보드 마카를 확인을 하여도 아이들이 받은 마카펜 중에 잘 나오지 않는 것이 한 두 개 섞여 있는 것처럼. 수업 중 1~2분이 참 중요해서 미리미리 준비하고 점검하는 것이 중요하다. 이런 경우를 대비하여 항상 여유분의 준비물을 지니고 있는 것이 필수이다.

신호등 모두 받았나요?
네! (신호등을 넘겨보는 아이들, 만져보는 아이들)

우리가 의견을 이야기할 때 같은 생각이면 어떤 색을 보여주면 될까요?
초록색요

좋습니다. 찬성이면 초록색. 그렇다면 반대는?
빨간색요. 선생님, 질문 있어요. 그러면 노란색은요?

좋은 질문입니다. 노란색은 어떨 때 들면 될까요?
보통요. 중간요.

그렇습니다. 찬성도 반대도 아닐 때, 둘 다 맞을 것 같을 때. 중립이거나 의견을 정하기 어려울 때 들어주세요.

　교실은 좀 시끌시끌해도 된다. 교사가 중요한 부분을 이야기할 때에는 당연히 경청하고 집중해야 하지만, 그렇지 않은 상황에서는 아이들이 와글와글 떠들도록 허용하면 좋다. 아이들이 자유롭게 이야기하는 기회를 주지 않고 발표를 잘하도록 이끌기는 정말 어렵다. 아이들이 활발하고 솔직하게 이야기하는 것을 허용하는 분위기가 아이들의 생각을 마음껏 표현할 수 있는 환경이 된다. 무례하게 행동하는 경우에는 아이들에게 예의 바른 행동을 가르쳐주면 된다. 아이들은 배우는 존재이다. 예를 들어 신호등을 넘겨주고 받아보고 확인하는 과정은 당연히 시끄러울 것이다. 색깔이 미묘하게 다른 것을 발견하여 서로 비교하기도 하고, 고리의 색이 서로 다른 것을 확인하기도 한다. 이런 소소한 이야기의 과정을 즐겁게 바라볼 수 있어야 한다.

　아이들의 질문은 모두 소중하다. 질문을 하도록 조장하고 모든 질문은 소중하다는 인식을 주어서 질문을 많이 하는 교실을 만들면 좋다. 여기에서 질문은 1,2학년이 선생님께 물어보는 것과는 조금 다른 것이다. 1,2학년이 선생님께 묻는 것은 질문보다는 확인에 가깝다. "선생님, 몇 쪽이에요?"라는 아이의 말은 잘 듣고 걸러야 한다. 칠판에 오늘 공부

할 교과서의 쪽수를 적어두고, 실물화상기를 통하여 교과서를 보여주고 평소의 학습 훈련이나 수업 약속이 잘되어 있으면 상당 부분 해소되는 일이기도 하다.

  저학년의 질문과 고학년의 질문을 구별하여 어떻게 조율할 것인지가 아마 모든 교사들의 중요한 숙제일 것이다. 아이가 질문을 하면 교사가 바로 대답을 하는 것이 아니라 아이들에게 되돌려주면 좋다. 아이들이 대부분 자신의 생각을 말할 수 있어서 오히려 더 풍부한 대답을 끌어낼 수 있다. 자신의 생각을 채택하는 교실에서 아이는 자존감도 소속감도 높아질 것이다.

연습해봅시다. 나는 짜장면을 좋아한다. 5초 시간 줄게요. 들어주세요.
(아이들은 와글와글하며 신호등을 보인다.)

22명 중에 18명이 초록색을 들었네요. 빨간색을 든 사람 중에 자신의 생각을 말해볼 사람?
(교사는 손을 번쩍 들어보이면 이야기하고 싶은 사람도 손을 번쩍 따라 든다.)

저는 짜장면보다 짬뽕을 좋아하거든요.

노란색을 들었던 사람 중에 자신의 생각을 말해볼 사람 손들어 주세요.
저는 짜장면도 짬뽕도 보통이에요. 스파게티 좋아해요.

아이들에게는 시간이 필요하다. 내성적인 아이에게는 7초를 기다려야 한다는 연구 결과도 있다. 바로 들어 보이도록 하는 것보다 생각을 하고 결정하고 색깔을 선택할 시간이 필요하기 때문이다. 질문의 가벼움, 무거움에 따라서 얼마의 시간을 준 후에 들기로 한다고 예정된 시간을 알려주면 아이들은 훨씬 안정감을 느낄 것이다.

신호등 토론

같은 색깔이어도 저마다 이유가 다르다. 심지어 다른 색깔인데 이유가 같다. 모든 것이 처음이고 배우는 단계인 아이들의 모습이다. 반복해서 이야기하고 반복해서 격려하는 가운데 아이들이 성장한다. 신호등을 통하여 서로 다른 생각을 인정하고 존중하는 공부를 하는 것이다. 다른 사람의 의견을 잘 듣고 있을 때 경청의 태도를 칭찬하고 이유를 잘 말하는 학생에게는 용기 있게 이야기한 것을 칭찬해 준다. 교실의 분위기에 따라 이야기가 더 나올 수도 있고 그렇지 않을 수도 있다. 시간 안배를 잘하면서 이야기를 나누면 좋다.

그러면 여러분들도 「먹구렁이 기차」 중에서 이야기를 나누고 싶은 주제를 생각해보세요.
여러분이 생각할 동안 선생님이 먼저 말해보겠습니다.
'나는 죽은 먹구렁이가 불쌍하다.' 하나, 둘, 셋. 들어주세요.
(아이들은 와글와글하며 신호등을 들어 보인다. 3명이 빨간색. 노란색이 1명)

의견을 표시해주어 고맙습니다. A줄은 모두 초록색을 들었네요.
먹구렁이가 불쌍하다고 생각하는데 줄이 말하기로 그 이유를 들어봅시다.
이유가 생각이 안나면 '패스(통과)'를 하고 가장 나중에 이야기해도 좋습니다.

👧 1: 착한 먹구렁이가 아이들에게 죽음을 당해 눈물이 났어요.

👧 2: 가족들이 기다리는 땅 속으로 못가서 안타까웠어요.

👧 3: 아이들의 행동이 너무 잔인해요.

👧 4: 저는 👧 1과 생각이 같아요.

이번에는 불쌍하지 않다. 즉, 빨간색을 들어본 사람 이야기를 들어봅시다.
생명은 언젠가는 죽게 되어 있어요. 저는 먹구렁이가 조금 일찍 죽었다고 생각해요.

이유를 잘 이야기해주어 고맙습니다. 그런 이 의견에 대한 반박이 있을까요?
언젠가는 죽는다는 말은 동의합니다. 하지만 먹구렁이는 아기입니다. 아직 태어난 지 얼마 되지 않았어요.

아직 태어난지 얼마 되지 않은 아기 먹구렁이가 불쌍하다.
이 생각에 대해서 또 다른 생각이 있나요?
우리는 벌이나 파리, 모기도 잘 죽입니다. 먹구렁이도 만나면 죽이지 않을까요?

아이들과 수업 중에 이러한 상황을 많이 맞닥뜨린다. 생명의 소중함을 이야기하고 싶을 때, 생명은 언젠가는 죽게 되어 있다. 먹구렁이가 조금 일찍 죽었다고 생각한다는 의견을 만나면 그 아이와 이야기를 나누고 설득하고 싶어지는 유혹에 빠진다. 교실에서 많은 아이들이 생각을 나누는 이 공간에서 교사는 최대한 자신의 의견을 보이지 않고 아이들이 서로 '핑'퐁'을 하면서 서로 다른 생각과 의견을 나누도록 하면 좋겠다. 신호등을 통하여 서로 다른 생각을 인정하고 존중하는 공부를 하는 것이므로 교사 먼저 아이들의 모든 생각을 존중하며 더 자세히 그렇게 생각하는 이유를 들어보는 것이다. 아마 이야기가 잘 진행이 되면 끝이 나지 않을 수도 있다.

아이들이 생각하여 이야기를 나눈 주제는 다음과 같다.

1. 나는 버드나무 할머니가 좋다.
2. 먹구렁이는 꿈을 이루었다.
3. 나는 아이들이 싫다.

주제는 가능하면 긍정문으로 할 것을 권하면 좋다. 3번과 같은 부정문의 경우 헷갈리기 때문이다. 물론 미리 사전에 이야기를 해도 그렇게 하는 경우가 있을 것이다.
이런 주제로 신호등 토론을 마무리를 하였다.

나에게는 팽나무 할아버지처럼 힘을 주는 사람이 있다.

팽나무 할아버지는 먹구렁이가 훌륭한 기차가 될 거라고 격려를 해준 인물이다. 아이들은 대부분 초록색을 든다. 부모님이나 할머니, 할아버지처럼 가까운 가족을 떠올리며. 빨간 색을 든 사람은 잘 보아두었다가 좀 더 주의 깊게 살펴보는 것이 좋을 것 같다. 이런 경우에는 왜 그런지 그 이유는 공개적으로 묻지 않는 것이 좋지 않을까?

줄거리 말하기

줄거리를 잘 쓴다면 아이의 독서 능력이 매우 높다고 볼 수 있다. 10분의 계획으로 줄거리를 정리하고자 한다면 다양한 사전 준비가 필요하다. 만약 개별로 줄거리를 요약하고 쓰는 활동을 계획한다면 20분 정도 이상의 시간을 계획하여야 할 것이다. 미리 중요한 문장을 만들어서 순서대로 놓아보는 활동도 할 수 있고, PPT를 통하여 문장의 순서를 정해볼 수도 있다.

4학년은 이제 줄거리를 쓰는 것을 배우는 단계이므로 그동안 읽은 내용을 함께 말해보면서 '줄거리란 이런 것이구나.' '요약이란 이런 것이구나.'라고 생각하고 배우는 경험의 단초를 제공한다. 줄거리를 요약하는 것을 많이 보아야 스스로 할 수 있을 것이다.

우리가 읽은 텍스트가 문학 작품이므로 주인공 먹구렁이가 겪은 일을 시간대별로 이야기하면 자연스럽게 줄거리가 만들어진다. 아이들에게 다양한 줄거리의 예시를 제공하는 일환이라 생각하고 전체적인 문장을 보여주는 것도 좋을 것 같다. 이때 교사가 아이들의 내용을 요약하고 정리해주면서 아이들과 함께한다는 느낌을 보여준다. 한글을 띄워놓고 화면으로 보이도록 하여 정리해도 좋다.

**우리 함께 줄거리를 말해봅시다. 전체 이야기를 3~4문장 정도로 줄여 말해봅시다.
먹구렁이에게 가장 먼저 어떤 일이 일어났나요?**

봄이 되어 땅 위로 나왔어요.
엄마 구렁이가 용감하게 각자 살아가자고 했어요.

**먹구렁이는 봄이 되어 땅 위로 나왔다. 이렇게 한 문장으로 정리할게요.
엄마 구렁이가 용감하게 살라고 이야기한 것을 잘 기억하네요.
그 다음에는 어떻게 되었나요?**

미나리아재비도 만났고 할미꽃도 만났어요.
팽나무 할아버지도 만났어요.
꿈을 이야기하는 아이들도 봤어요.

같은 이야기를 읽어도 서로 기억하는 부분이 다르다. 우리가 같은 경험을 하여도 기억하는 것이 다르듯이, 아이들 중에는 미나리아재비가 꽃인지 처음 아는 아이들이 많다. 먹구렁이를 놀리는 할미꽃을 기억하는 사람도 있고, 꿈을 이야기하는 이야기 속 아이들을 기억하는 경우도 많다. 모두 이야기를 말하는 것이므로 중요도에 따라 점수를 매기면 곤란할 것이다. 하지만 이야기의 큰 줄기를 세워나가며 가장 중심 사건이 될만한 것을 교사가 정리해주면 도움이 될 것이다.

**그렇습니다. 처음에는 조금 겁이 났지만 땅 위에서 살면서 많은 인물을 만났지요.
먹구렁이는 누구를 보면서 꿈을 꾸기 시작했나요?**

아이들요.

**그렇지요. 화가, 농부, 육군 대장 등 아이들의 꿈을 보면서 먹구렁이도 꿈을 꿉니다.
먹구렁이는 어떤 꿈을 꾸게 되었나요?**

기차가 되고 싶어 했어요.
이쪽과 저쪽을 연결하는 기차가 되고 싶었어요.

어느덧 가을을 지나 겨울이 되었습니다. 어떤 사건이 일어났나요?

아이들이 먹구렁이를 죽였어요.

이야기 마지막에 먹구렁이는 무엇이 되었나요?

기차가 되었어요.

여러분이 말한 이야기를 이렇게 정리하면 줄거리가 잘 정리됩니다. 함께 정리한 줄거리를 소리 내어 읽어봅시다.

먹구렁이는 봄이 되어 땅 위로 나왔다. 먹구렁이는 기차가 되고 싶었으나 죽게 된다.
먹구렁이는 죽은 이후에 기차가 되어 여행을 한다.

별점 주기

「먹구렁이 기차」를 다 읽은 후 다른 사람들에게 권하고 싶은지 별점을 주기로 한다.

별★★★★★ 아주 재미있어요. 적극 추천해요.
별★★★★☆ 재미있어요. 아쉬운 점이 있어요.
별★★★☆☆ 보통입니다.
별★★☆☆☆ 별로예요. 재미없어요.
별★☆☆☆☆ 너무 재미없어요. 추천하고 싶지 않아요.

별점에 대한 안내를 하고 잠시 생각할 시간을 주고 손을 들어보게 한다.

별 다섯 개 주고 싶은 사람이 보통 학급당 4/5 정도 (22명 기준 18명 가량) 학급에 따라서 별 1개나 2개나 아예 없는 경우도 있고, 간혹 1~2명이 주기도 한다. 별을 3개나 4개 준 아이는 어떤 점이 아쉬웠는지 물어보면 좋다. 별을 1개나 2개를 주는 경우 이유를 물어보는 것도 필요하다. 때로는 이유를 콕 집어서 말하기 어려워하는 경우도 있다. 그냥이라고 말할 수 있는데, 이것을 좀 더 구체적으로 말할 수 있도록 보충 질문을 통하여 도와주고 격려해 준다. 더러는 이 이야기는 내 취향이 아니라는 경우도 있다.

하나의 책이 성경이 되어서는 곤란하다. 아이들이 책을 비판적으로 읽는다면 그것을 격려하고 장려하면 된다. 백 명이 좋아해도 나는 좋지 않을 수 있다. 나만의 특별한 경험이 투영될 수 있기 때문이다. 그 지점을 잘 알고 받아들이고 그럴 수 있음을 이야기해주는 것이 소수의 관점이나 의견도 존중하는 민주 시민으로 살 수 있는 토대이기도 하다.

병풍책 완성하기

3-4학년

소중한 사람 아이
새해 아기

『새해 아기』
권정생 글, 신현아 그림, 이기영 엮음, 단비

『새해 아기』 동화집에는 총 4편의 이야기가 실려 있다. '똘배어린이문학회'의 이기영 선생님이 잡지에 발표되었지만 책으로는 나오지 않은 작품, 책에 실린 적이 있어서 지금은 그 책이 개정되어서 권정생 동화집에서는 만날 수 없는 작품을 모아 묶어 2016년에 펴내었다.

「빌배산에 눈이 내리던 날」은 권정생 선생님이 빌배산 자락 빌뱅이 언덕 작은 집으로 이사 간 그해 겨울에 쓴 동화이다. 몸이 아픈 선생님이 추운 겨울날 코에다 늑대 오줌을 바르고 사람으로 둔갑하여 사람들이 사는 마을에 다녀가는 늑대를 상상하는 이야기는 어릴 적 외할머니가 들려주는 여우 이야기 만큼이나 흥미롭다.

「외딴집 감나무 작은 잎사귀」는 가을이 되어 떨어진 감나무 잎사귀가 다시 날아올라 매달리고 싶어하지만 어린 잎사귀가 돋아나는 것을 보면서 자연의 순리를 깨닫는 과정을 그리고 있다. 「밀짚잠자리」는 금방 세상에 나와 나는 것조차 서툰 잠자리가 세상을 구경한다. 달님은 잠자리에게 세상은 '기쁘고 즐겁고 슬프고 무섭기도'하다고 한다. 아이들과 함께 기쁜 일, 슬픈 일을 이야기해볼 수 있겠다.

표제작 「새해 아기」는 굶주리는 사람이 많았던 당시의 '가난하고 슬픈 우리나라'에 태어난 아기들이 세상을 아름답게 가꿔나가길 바라는 마음이 간절한 글이다. 이 세상에 태어난 사람 아기가 바로 교실에 있는 우리 아이들 아닌가? 소중한 사람이 바로 우리라는 사실을 마음 깊이 담아보기로 한다.

활동 내용

[4국02-05] 읽기 경험과 느낌을 다른 사람과 나누는 태도를 지닌다.
[4국03-05] 쓰기에 자신감을 갖고 자신의 글을 적극적으로 나누는 태도를 지닌다.
[4국05-05] 재미나 감동을 느끼며 작품을 즐겨 감상하는 태도를 지닌다.

단계	시간	이야기	공부 흐름	작은책 기록
독서 전 독서 독서 후	1-2	빌배산에 눈 내리던 날	1. 수업 약속 2. 표지 보며 내용 예상하기 　(돌아가며 말하기) 3. 미니책 나눠주고 이름 쓰기 4. 책 읽기(7-23) 5. 이야기 나누기 　- 내용 질문하기 6. 질문 만들기 7. 질문 주고 받기→ 회전목마 토의 　- 기억에 남는 친구의 발표 8. 감사의 인사 나누기	앞표지 책 제목 이야기 제목 낱말 비빔밥 질문
독서 전 독서 독서 후	3	외딴 집 감나무 작은 잎사귀	1. 책 읽기(27-33) 2. 내용 이해 및 이야기 나누기 　- 자신의 삶과 관련 짓는 질문 3. 잎사귀 그림 그리기 4. 질문 만들기	이야기 제목 잎사귀 그림
	4		1. 작가 소개 2. 지난 시간 읽은 부분 3. 학습 문제 및 활동 안내 4. 책 읽기(34-37쪽) 　- 교사가 읽어주기 　- 옆 친구와 번갈아 읽기 　- 읽은 내용 확인하기 5. 질문 만들기→ 질문 쓰기→ 칠판에 붙이기 6. 질문 주고 받기→ 회전목마 토의 　- 기억에 남는 친구의 발표 7. 정리 　- 세상의 주인은 있는가? 　- 여러분의 행복한 시절, 시간, 경험은? 8. 선생님의 행복한 시간 9. 감사의 인사 나누기 10. 차시 예고	질문

독서 전 독서 독서 후	5-6	밀짚잠자리	1. 책 읽기(41-53) 　　돌아가며 책 읽기 2. 내용 이해 및 이야기 나누기 3. 기쁘거나 즐거운 일, 슬프거나 무서운 일 　　- 허니컴보드에 적어서 칠판 위 붙이기 4. 이야기 나누기 　　- 작은 책에 기록하기 5. 밀짚잠자리 그림책 보여주기 6. 밀짚잠자리 그리기 7. 감사의 인사 나누기 8. 차시 예고	이야기 제목 기쁜 일 슬픈 일
독서 전 독서	7-8	새해 아기	1. 책 읽기(56-69) 새해 아기 　　돌아가며 책 읽기 　　내용 이해 PPT 2. 질문 만들기 3. 최면술 놀이 　　연극 놀이 4. 힘이 되는 말 나누기 5. 감사의 인사 6. 차시 예고	이야기 제목 질문 힘이 되는 말
독서 후	9-10		1. 책 읽기(70-77) 새해 아기 　　- 이 세상이 더 이상 슬프지 않기를(이기영 글) 2. 알게 된 것 돌아가며 말하기 3. 권정생 선생님의 삶 　　- 지식채널 영상(5분) 　　- 게시물 선생님의 삶 만화 배너 책 현수막 　　- 유언장 소개(일부 읽어주기) 4. 학습지 기록 활동 　　- 선생님이 지은 책 　　- 가장 기억에 남는 이야기 　　- 알게 된 것 기록 5. 쿵 짝 발표 　　- 기억에 남는 이야기 박자에 맞추어 발표하기 6. 감사의 인사	뒷표지 권정생 책 알게 된 것

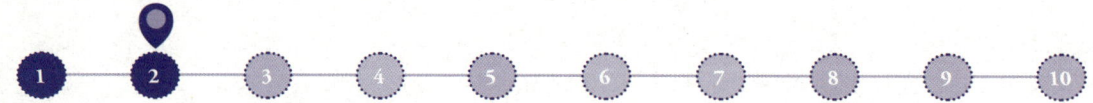

1-2차시 수업 풍경(80분)

이야기 제목: 빌배산에 눈이 내리던 날
수업 주제: 읽은 내용 이야기 나누기
성취 기준: [4국02-05] 읽기 경험과 느낌을 다른 사람과 나누는 태도를 지닌다.
준비물: 『새해 아기』책, 작은책, 사인펜이나 색연필

총 10차시

아직 2학년 같은 3학년. 코로나로 인해 모둠 활동의 기회도 많이 사라진 3학년과 만난다. 백신이 보급되고 조금씩 일상생활의 기운은 보이지만 여전히 불안한 상황. 결석 없이 학교에 나오는 아이들이 고맙기만 하다. 하지만 3학년은 학급당 인원이 28명. 한 명씩 띄어 앉긴 했지만 여전히 빽빽한 교실. 그래도 우리는 희망을 노래하면서 공부한다.

공부 약속하기

우리는 (　　　) 배운다.

모르니까

질문하며

서로 격려하며

서로 가르쳐주며 배운다.

우리는 모르니까 배운다. 질문을 많이 할수록 많이 배운다. 잘 모르는 것은 묻고 서로 가르쳐주며 배운다. 서로 힘이 되는 말을 하면서 배운다.

힘이 되는 말이 무엇일까 생각해 본다. 내가 다른 사람에게 듣고 싶은 말을 내가 먼저 할 수 있는 사람이 되자.

책 읽기
- 교사의 읽어주기
- 번갈아 읽기

번갈아 읽기를 하기 전에 아이들에게 다른 사람을 존중하고 배려하는 태도에 대해 이야기를 한다. 어린 3학년은 다른 사람을 배려하지 않는 말인지 모르고 말을 내뱉는 경우가 있다. 아직 모르니까 그렇다. 그런 순간이 배워야 하는 순간이다.

내용 이해 질문하기
1. 누가 나오나요? (늑대 가족과 아이들)
2. 늑대는 어디에 살고 있나요? (빌배산 너머 골짜기)
3. 어떻게 하면 늑대가 사람으로 둔갑하나요? (11쪽 코에다가 늑대오줌을 바르면)
4. 늑대는 무엇을 얻어 갔나요? (고구마)
5. 아기 늑대가 마을로 가고 싶다고 할 때 엄마는 왜 위험하다고 했나요?

등장인물과 낱말 비빔밥
이야기 속 등장인물과 중요한 낱말을 적어본다. 읽은 내용을 재미있게 기록하는 과정이다. 아이들은 내가 기억하는 내용을 적는다. 질문을 통하여 핵심 낱말도 이야기를 나누면 혼자 읽었을 때와 다르게 이야기를 다시 생각하게 된다.

질문 만들기

     서로 이야기를 나누기 위하여 궁금한 점을 질문으로 만들어 봅시다.

     문장의 뒤에 '까'를 붙이면 모두 질문이 됩니다.

     누가, 언제, 어디서, 무엇을, 어떻게, 왜, 만약에를 넣어서 질문을 만들 수 있습니다.

  질문을 먼저 만든 사람의 질문을 통하여 질문을 만드는 방법을 알려주고 확인시킨다.
  질문 만드는 시간을 5분 주고 순회 지도를 통하여 질문 만드는 것을 어려워하는 아이를 돕는다.

친구와 물레방아 토의하기

질문을 다 만들었으면 질문에 대한 대답 연습을 해본다.
  예를 들어 '빌배산은 어디에 있을까요?'라는 질문을 했다하자. 그러면 '나는 권정생 선생님이 사시던 곳에 있는 것 같아.'라고 자신의 생각을 이야기하는 것이다. 때로는 답을 모를 때도 있다. 우리는 답 알아맞히기가 아니라 생각을 주고받는 곳이다. 그래서 답을 모를 때에도 '아무리 생각해도 잘 모르겠는데?'라고 이야기를 해도 되는 것이다.

이렇게 질문과 대답을 하는 방법을 연습한 후에 옆짝과 서로 질문하고 대답하는 것을 연습한다. 상대방의 질문에 대해 생각한 후 이야기하면서 다른 사람의 말을 경청하고 존중하며 내 생각을 자신 있게 말해보는 연습을 하는 것이다.

- ○○야 안녕? ☐☐☐☐☐☐☐☐☐☐☐? (질문하기)
- 내 생각에는 ☐☐☐☐☐☐☐☐☐ 것 같아. (대답하기 또는 내 생각 말하기)

아이들이 만든 질문

1. 왜 아이들은 고구마를 순순히 주었을까?
2. 사람으로 둔갑하는 동물은 어떤 동물이 있을까?
3. 늑대 아이의 외갓집은 어디 있다고 했나요?
4. 아기 늑대는 왜 고구마를 달라고 했을까?
5. 늑대 아이는 무엇을 얻었나요?
6. 새해 아기에서 등장하는 등장인물은 누구일까요?
7. 새해 아기에 누나 늑대가 나옵니까?

감사의 인사

○○이는 '책이 너~~~무 재미있어요.'라고 이야기한다. 작가의 상상력이 통하는 순간이다. 늑대 오줌을 바르고 변신한 아이가 우리 옆에 있을 수도 있는 일이니까. 이렇게 상상의 세계로 다녀오는 것이 책의 매력 아닐까? 아이들과 감사의 인사를 나누며 수업을 마무리한다.

3-4차시 수업 풍경(80분)

이야기 제목: 외딴 집 감나무 작은 잎사귀
수업 주제: 읽은 내용 이야기 나누기
성취 기준: [4국02-05] 읽기 경험과 느낌을 다른 사람과 나누는 태도를 지닌다.
준비물: 『새해 아기』 책, 작은책, 사인펜이나 색연필

이야기를 읽다 보면 『먹구렁이 기차』에 수록된 「강아지똥」에서 강아지똥과 감나무 잎사귀가 이야기를 나누는 장면이 떠오른다. 1980년의 우리나라 상황도 연결이 된다.

잎사귀는 어서 봄이 와서 작년에 붙어 있었던 감나무 가지에 다시 매달리기만을 기다리지만 그것은 욕심이라는 것을 세상의 모든 목숨은 태어나면 자라고, 자라면 늙고, 늙으면 떠나야 하는 것을 담담하게 이야기한다.

자신의 행복한 시절을 떠올리며 떠나야 할 곳으로 떠나는 잎사귀. 작품 내면의 심오한 철학까지는 찾기 어려워도 아이들과 생명의 순리를 잠시라도 이야기하고, 자신의 행복한 시절을 이야기하는 수업으로 만들어보고자 하였다. 읽는 이에 따라 아이들에 따라 수업은 얼마든지 다르게 만들 수 있을 것 같다.

첫째 시간은 27쪽에서 33쪽까지 읽고 이야기를 나누고, 둘째 시간은 34쪽부터 37쪽까지 읽고 이야기를 나눈다. 짧은 동화이므로 두 시간 동안 읽고 이야기를 나누는 것이 버겁지는 않을 것 같다.

첫 시간에는 책을 읽고 내용을 이해했는지 질문을 한다. 주인공 잎사귀의 그림을 그려 본다. 아이들은 그림을 그리는 활동을 좋아하지만 그리는 활동에 시간이 많이 필요하므로

일정한 크기로 제한하고 시간을 미리 알려주어서 다른 활동에 방해가 되지 않도록 구안하는 노력이 필요하다.

활동1)에서는 책을 34쪽부터 37쪽까지 읽는다. 끊어 읽기와 속도 등 읽기 모범을 보여주며 교사가 일부 읽어주고, 이어서 아이들이 짝과 한 문장씩 번갈아 읽어본다. 다 읽은 후에 내용을 이해하였는지 확인을 한다.

활동2)에서는 질문을 만들어 본다. 친구와 이야기하고 싶은 질문을 한 가지씩 만들어본다. 질문을 처음 만들어보는 학생들이다. 시도하는 모습을 격려하고 잘 모르는 부분은 도와가며 할 수 있도록 한다.

활동3)에서는 자신이 만든 질문을 친구들과 주고받으며 이야기를 나누어본다.

책을 읽고 질문을 만들고 다른 사람과 생각을 나누는 활동을 통하여 다양한 생각 차이를 발견하고 서로 다른 생각을 존중하는 동시에 말하고 듣는 경험을 최대한 제공하여 주도적인 학습 활동의 경험을 제공하고자 한다.

활동1) 책 읽기

- 교사가 읽어주기
  - 교사가 읽는 것을 들으며 책을 본다.
- 번갈아 읽기
  - 어깨 짝과 한 문장씩 번갈아 읽는다.
- 읽은 내용 확인하기
  - 이 세상은 자라나는 어린이들의 것이라고 이야기한 인물은?
  - '그게 그토록 슬픈 거니? '그럼, 슬프지 않고'는 슬프다는 이야기일까? 슬프지 않다는 이야기 일까?
  - 잎사귀의 행복했던 시절은 어느 계절일까요?

- 냉이는 어떻게 되었나요?
- 잎사귀는 감나무 가지 끝에서 무엇을 보았나요?

활동2) 질문 만들기

- 질문 만드는 방법 설명하기
  - 궁금한 내용이나 이야기 나누고 싶은 것을 질문으로 만든다.
  - '누가, 언제, 어디서, 무엇을, 어떻게, 왜, 만약에'를 넣어본다.
  - 책 속에 답이 있는 질문도 좋고, 답이 없는 질문도 좋다.
- 질문 만들기
- 이야기 나누고 싶은 질문 정하고 말하기 연습하기
  - 먼저 만든 학생 질문을 예시로 보여준다.

활동3) 이야기 주고받기(물레방아 토의)

- 물레방아 토의 방법 설명하기
- 물레방아 토의하기
  - 친구와 인사하고 질문을 한다.
  - 질문을 듣고 '내 생각에는 ☐☐☐☐.' 하고 답을 한다.
  - 서로 바꾸어서 질문하고 답을 한다.
  - 짝을 바꾸어서 질문하고 답을 한다.
- 물레방아 토의 정리하기
  - 기억에 남는 친구의 답을 발표해본다.

정리
- 세상의 주인은 있는가?
- 여러분이 행복한 시절, 시간, 경험은 무엇이 있나요?

차시 안내
- 다음 시간은 〈밀짚잠자리〉를 읽고 이야기를 나누어 봅시다.
- 감사의 마음 나누기

질문을 대하는 교사의 자세

질문에 교사가 바로 답하지 않는다. 모든 질문은 중요하다. 아이들에게 되물어본다. 너는 어떻게 생각하니? 다른 사람은 어떻게 생각하니?

질문은 바로 답을 주어야 하는 것으로 보지 말고 질문을 하는 자세를 칭찬하고 격려하며 함께 생각하는 단초로 바라보며 더 생각하는 기회를 통하여 모두의 지혜를 모으면 좋다. 이 과정에는 다른 사람의 의견을 존중하는 자세가 언제나 중요하다. '내가 어떤 말을 해도 선생님이나 아이들이 나를 존중해줄 거야.'라는 믿음이 있을 때 아이들은 자신의 속내를 좀더 자신있게 말을 하곤 한다.

아이들이 만든 질문

1. 볼기짝은 어디일까?

2. 잎사귀는 어디로 갔을까?

3. 잎사귀가 눈을 꼭꼭 감으려고 할 때 누군가가 가까이 정답게 속삭였습니까?

4. 아이들은 무엇을 캐고 있었나요?

5. 곰보딱지 잎사귀 엉덩이 왼쪽 볼기짝에 무엇이 묻어 있었을까?

6. 잎사귀들은 모두 떨어졌나요?

7. 잎사귀는 왜 구린내가 났을까?

8. 나뭇잎은 무슨 계절을 좋아한다고 했나요?

9. 냉이는 어떻게 되었을까요?

10. 내가 만약에 볼기짝에 똥이 묻으면 마음이 어떨 것 같습니까?

5-6차시 수업 풍경(80분)

이야기 제목: 밀짚잠자리
수업 주제: 읽은 내용 이야기 나누기
성취 기준: [4국02-05] 읽기 경험과 느낌을 다른 사람과 나누는 태도를 지닌다.
준비물: 『새해 아기』책, 작은책, 사인펜이나 색연필

「밀짚잠자리」도 4편의 단편 동화가 수록된 『새해 아기』 동화집 중 하나의 이야기이다. 밀짚잠자리 그림책도 출간되어 줄글을 읽고 난 후 그림책을 보아도 좋을 것 같다. 그림책과 줄글은 다른 영역이기 때문에 교사의 의도에 따라 그림책으로 수업을 해도 좋을 것 같다.

밀짚잠자리를 읽다보면 등장인물이 친숙하지 않은 경우 막연하게 상상할 수 있는데 그림책에는 무종다리, 베짱이, 미루나무 등의 그림이 크게 잘 나타나서 아이들의 간단한 질문은 줄일 수 있다.

책 읽기

교사가 읽어주기, 번갈아 읽기의 방법으로 책을 읽었으므로 이번에는 돌아가며 책을 읽어본다. 한 사람이 세 문장 내외의 글을 읽으면 다음 사람이 이어서 읽도록 하기로 하였다.

책 속 그림 자료 또는 그림책 미리 준비

책을 읽다가 예상되는 질문에 따라 교사가 그림 자료 등을 준비하면 좋다. 아이들은 바랭이가 뭐예요? 무종다리가 뭐예요? 등의 질문을 잘한다. 특히 이 글은 그림책도 출간이 되었으므로 미리 준비해두었다가 아이들이 궁금해하는 부분을 그림으로 바로 보여주면 좋다.

내용 이해 질문하기

1. 왜 밀짚잠자리라 이름 붙여졌나요?(41쪽) 꼬랑대기가 밀짚처럼 노랗기 때문에
2. 밀짚잠자리가 처음 본 세상은?(42쪽) 흰구름
3. 밀짚잠자리는 처음부터 잘 날았나요?(43쪽) 조금밖에 날지 못함. 아직 시틀고 힘도 모자람.
4. 밀짚잠자리가 가고 싶어 한 곳은?(47쪽) 하늘나라
5. 하루살이들이 밀짚잠자리를 보고 도깨비라고 한 까닭은?(잡아먹어서)
6. 세상은 어떻다고 달님이 이야기하나요?(기쁘고 즐겁고 슬프고 무섭고)

허니컴보드에 즐겁거나 기쁜 일을 적어본다.

아이들의 여러 가지 생각을 보고 난 후에야 자신의 생각을 꺼낼 수 있는 아이들이 있다. 브레인스토밍으로 즐겁거나 기쁜 일, 슬프거나 무서운 일을 말을 해본 후에 허니컴보드에 한 두 개씩 적어본 후 칠판에 붙이도록 한다.

세상의 여러 가지 기쁜 일, 즐거운 일, 슬픈 일, 무서운 일을 나누면 내가 생각하는 일이 나에게만 일어나는 일이 아니라는 생각을 알게 된다. 누구나 살아가는 사람이면 누구나 여러 가지 일을 겪게 됨을 알게 되는 것이다. 작은 책에 나의 경험을 떠올려 적어본다.

기쁘고 즐겁고 슬프고 무섭고

기쁘거나 즐거운 일	슬프거나 무서운 일
• 친구랑 놀 때 • 가족 외식할 때 • 내 생일 • 수영장 갈 때 • 함께 웃을 때 • 문구점 갈 때 • 여행갈 때 • 캠핑 갈 때 • 나보다 더 장기를 잘하는 사람을 봤을 때 • 갖고 싶은 물건 살 때 • 그림 그릴 때	• 할아버지가 아플 때 • 혼날 때 • 내 마음대로 안될 때 • 약속이 취소될 때 • 운동할 때 힘들어서 • 코로나 생겼을 때 • 친구가 전학갈 때 • 용돈 못 받을 때 • 언니가 때릴 때 • 무서운 놀이 기구 탈 때

　작은 책을 기록할 때 아이들 사이를 걸어가는 나를 향해 OO이가 이야기한다. "선생님 작품은 거의 슬프고 현실적이에요. 죽음도 사실적으로 묘사한 것 같아요."

　나는 기쁜 마음으로 대답을 했다. "OO가 느끼는 것을 선생님도 비슷하게 느끼고 있어. 책을 깊이 있게 잘 읽는 모양이구나. 생각을 이야기해주어 고맙다." 3학년 아이의 놀라운 통찰력에 감탄한다. 아마도 이 책을 읽는 어린이들에게라는 글을 쓴 이기영 선생님의 글을 읽은 후라서 그런지 아이들이 선생님의 작품에 대한 관심도 더 높아지는 상황이라고 여겨진다.

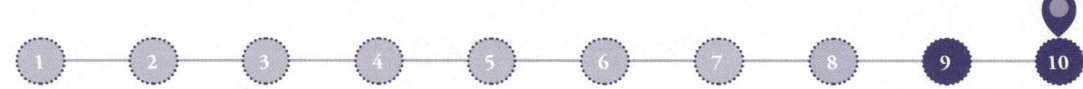

9-10차시 수업 풍경(80분)

이야기 제목: 새해 아기
수업 주제: 작가의 작품과 삶 알고 이야기 나누기
성취 기준: [4국02-05] 읽기 경험과 느낌을 다른 사람과 나누는 태도를 지닌다.
준비물: 『새해 아기』책, 작은책, 사인펜이나 색연필

책 읽기

이 세상이 더 이상 슬프지 않기를(이 책을 읽는 어린이들에게)

오늘은 여느 때와 달리 모두 소리내지 않고 혼자서 읽어보기로 하였다. 생각보다 시간이 오래 걸렸다. 소리내어 읽고 싶은 마음이 컸지만 다양한 읽기의 방법을 시도해보는 의미에서 묵독을 시도해보았다. 저마다 속도가 다른 아이들을 위하여 책을 읽은 후에는 알게 된 것을 한 문장씩 돌아가며 말할 계획이므로 다 읽은 사람은 말하기 준비를 하도록 하였다.

알게 된 것 발표하기

아이들은 돌아가면서 자신이 알게 된 것을 발표하였다. 읽자마자 발표를 하면 아이들은 금방 하기 어렵다. '발표하고 싶은 사람?'이라고 물어보면 외향적이거나 일찌감치 한 가지를 생각한 아이가 손을 든다. 한두 명 아이의 발표를 들으면 느린 아이들은 이해를 한다.

발표 내용을 듣고 피드백을 해주면서 아이들이 발표할 내용을 정리할 수 있게 한다. 돌아가며 말하기를 할 때 이렇게 준비할 시간을 주면 대체로 모두 발표를 잘한다. 그럼에도 불구하고 발표를 못하는 아이는 PASS(통과)권을 주어서 나중에 발표를 들어보도록 한다. 잘 기억해두거나 잘 기록해두어서 아이의 발표를 잊지 않도록 한다. 돌아가며 발표를 할 때에는 늦게 발표하는 아이는 앞서 발표한 아이와 내용이 같을 수 있다. 발표 전에 이

점을 잘 이야기해서 내용이 같을 수 있으므로 당황하지 말고 발표를 하도록 수업 약속을 자주 하면 좋다.

- 권정생 선생님이 전기가 안 들어오는 곳에서 3년을 살았다는 걸 알았어요.
- 빌배산이 안동에 있다는 걸 알았어요.
- 권정생 선생님이 새벽에 종치는 일을 했다는 것을 알았어요.
- 권정생 선생님이 상상하기를 좋아했다는 것을 알았어요.
- 빌매산이라 적힌 것을 빌배산으로 고쳤다는 것을 알았어요.

권정생 선생님의 삶 알아보기
EBS 지식채널 권정생 영상 시청하기(5분)

TV를 통해 영상을 시청할 때 글씨가 작아서 아이들이 잘 안 보인다고 할 수도 있다. 미리 아이들에게 선생님이 중간에 설명을 해주겠다고 이야기하고 시청 안내를 한 다음 시청을 한다.

아이들 중에는 '선생님 눈물이 날만큼 슬퍼요.'라며 이야기하는 사람도 있다. 가난하고 힘들던 시절, 몸이 아프지만 열심히 노력하는 숭고한 한 사람의 삶을 따뜻한 마음으로 바라보는 소중한 경험이라는 생각이 든다.

권정생 선생님의 삶 만화 배너 및 선생님의 작품 현수막 전시

모둠별로 돌아가며 전시물 살펴보기

권정생 삶 배너   문학 작품

가장 기억에 남는 이야기 쓰기

- 서로 섬기고 나누는 삶을 꿈꾸었고 뜻한 바 그대로 따르며 살고 그랬기에 동물이나 작은 벌레 하나도 함부로 죽이지 않았다는 걸 알았습니다.
- 밀짚잠자리처럼 모험을 하고 싶다.
- 밀짚잠자리: 이 세상에는 아주 예쁜 것도 있고 아주 무서운 것도 있다는 걸 알았다.
- '이 세상이 더 이상 슬프지 않기를'이라는 말에 감동을 받았습니다.
- 새해 아기: 착하고 아름다운 꽃이 되어라
- 새해 아기: 이 이야기가 가장 따뜻하게 남아서
- 새해 아기: 하나님이 아기를 만들었다는 것이 감동적이다.
- 빌배산에 눈이 내리던 날: 아이가 늑대로 변하는 것
- 빌배산에 눈이 내리던 날: 아이들이 늑대에게 고구마를 여러 개 나누어 주어서
- 작은 벌레 하나 함부로 죽이지 않는다는 것이 기억에 남습니다.

"이 세상이 더 이상 슬프지 않기를"이라는 제목으로 이기영 선생님이 이 책을 읽는 어린이들에게 쓴 글이 마지막에 실려 있다. 감동을 받고 기억에 오래 남는 이야기로 꼽는 아이들이 꽤 있었다.

쿵 짝 말하기: 가장 기억에 남는 이야기 제목 한 가지씩 말하기

3학년 아이들에게 2시간 연속 수업은 다양한 수업 변화를 주지 않으면 자칫 지루해질 수 있다. 돌아가며 말하기도 다양한 변주로 아이들에게 변화를 준다. 시작점을 고르게 하거나 박자를 맞추어 말해보기를 해보거나.

이번에는 책 제목을 말하고 쿵 짝 (책상 한 번 치고 손뼉 한 번 치는 식)으로 말해보기로 한다. 제목이 긴 것은 앞부분을 짧게 말해도 되도록 이야기하고 다 말하고 싶으면 빨리 말해도 된다고 이야기한다. 한 사람이 말하는데 2초 정도 걸린다. 27명이 모두 말하면 1분이 채 안 걸리지만 중간에 두세 번 박자를 놓치거나 도움이 필요한 아이들이 있을 수 있으므로 넉넉하게 2~3분 걸리는 것을 예상하면 좋다.

강아지똥 쿵 짝!

새해 아기 쿵 짝!

빌배산에 쿵 짝!

엄마 까투리 쿵 짝!

밀짚 잠자리 쿵 짝!

정리 활동

- 작가님이 이렇게 많은 여러 가지 책을 지었다는 것을 알았습니다.
- 권정생 선생님이 처음 쓴 동화는 강아지 똥이에요.
- 선생님이 열심히 살았다는 걸 알게 되었습니다.
- 작가가 빌배산 밑에서 살았다는 걸 알았습니다.
- 선생님은 상상을 좋아한다는 것을 알았습니다.
- 돌아가시기 전에 유언을 남겼다는 것을 알았습니다.
- 2년 안에 죽는 줄 알았는데 더 오래 사셨다.
- 선생님은 어릴 때부터 상상하기를 좋아하셨다는 걸 알았습니다. 욕심을 버리고 질서를 지키며 사셨다는 것도 알았습니다.
- 꼬부랑 할머니 책을 선생님이 지은 줄 몰랐습니다.
- 선생님이 혼자 외롭고 무서운 그 흙집에서 전기없이 살았는 게 신기했다.
- 결핵에 걸리셨다는 걸 알았습니다.
- 인생은 길고 내가 죽어서도 인기가 많다는 거를 알 수 있다. 글씨도 공부가 되고 그리고 슬픈 일이 있을 수도 있지만 기쁜 인생을 아주 잘 살아갈 수 있다.
- 세상 모든 것은 아름답다.
- 권정생 선생님이 열 아홉에 병에 걸려서 아픈 걸 알았습니다.
- 상상은 권정생 선생님이 쓸쓸하고 외로울 때 찾아오는 고마운 친구라는 것도 알았습니다.

이렇게 수업을 마치니 아이들이 '밥데기 죽데기'를 읽고 싶어요. '몽실 언니'를 '읽고 싶어요.'라고 말한다.

"읽고 싶다."

읽고 싶다는 이 사랑스러운 말에 내 마음은 행복과 감사로 벅차다. 최고의 기쁨이다. 아이들이 읽고 싶다고 말하는 그 순간이 자주 오기를. 새해 아기에 나오는 구절처럼 '착하고 아름다운 꽃' 사랑스러운 아이들과 공부를 할 수 있는 시간에 감사를 드린다.

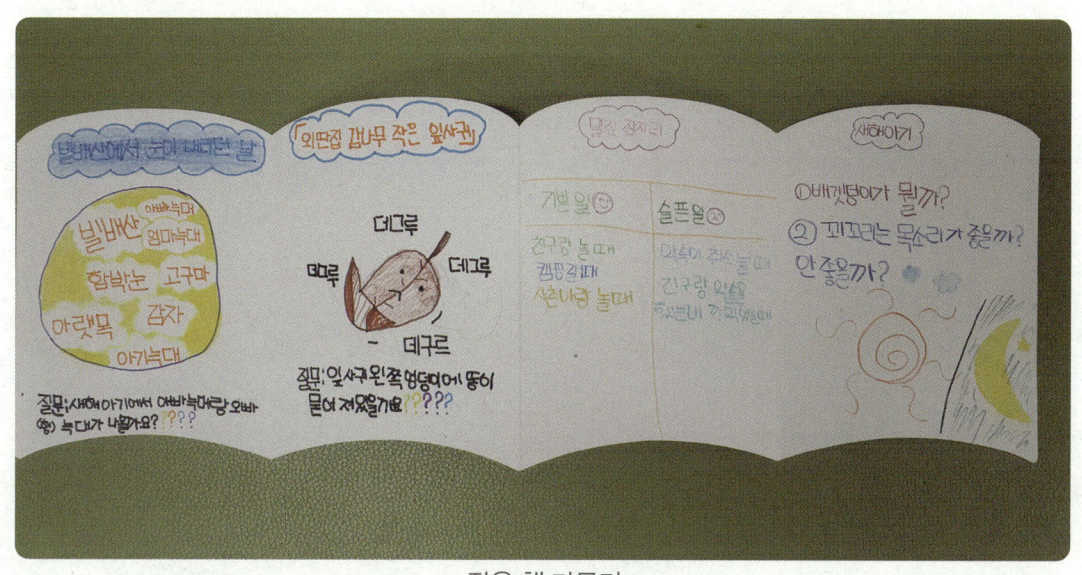

작은 책 마무리

3-4학년

세상의
모든 존재는 가치 있다
강아지똥

『강아지똥』
권정생 글, 정승각 그림, 길벗어린이

『강아지똥』은 어느 날, 권정생 작가가 돌담 밑에 있던 강아지똥이 비를 맞아 흐물흐물 녹아내리며 땅속으로 스며들고 나서 며칠이 지나, 바로 그 자리에 앙증맞은 민들레꽃이 피어난 것을 보고 감동을 받아 쓴 동화라고 한다.

골목 구석에 돌이네 흰둥이가 똥을 누는 장면으로 동화가 시작된다. 지나가던 참새와 흙덩이, 어미닭이 더러운 찌꺼기라고 하는 말에 강아지똥은 아무짝에도 쓸모없는 것 같은 자신의 존재를 슬프게 생각한다. 예쁜 꽃을 피워내는 것을 강아지똥이 부러워하자 민들레는 거름이 되어달라고 하고 자디잘게 부서진 강아지똥은 뿌리로 들어가 예쁜 민들레꽃을 피우게 된다.

세상에 쓸모없는 존재는 없다는 권정생 선생님의 생각이 『강아지똥』 속에 잘 담겨있다.

아이들 눈높이에 맞게 쓰여진 글과 그림은 '세상의 모든 존재가 가치 있다'는 주제를 아이들에게 동화를 통해 쉽게 전달할 수 있다고 생각한다.

책 내용 살펴보기

장	쪽	내용
1장 표지	1~2	(앞표지) 골목 구석에 흰둥이가 똥을 누고 있는 장면 (뒤표지) 골목 구석에 노란 민들레꽃이 피어 있는 장면
2장 첫장	1~2	강아지똥 사니살게 부서신 모습
3장 이야기 시작	1~2	골목 구석에 흰둥이가 똥을 눔.
4장 참새와 만남	3~4	참새가 강아지똥을 쪼면서 더럽다고 해서 강아지똥은 화도 나고 눈물이 나옴.
5장 흙덩이와 만남	5~6	흙덩이가 강아지똥에게 가장 더러운 개똥이라고 해서 울음을 터뜨림.
6장 흙덩이의 사과	7~8	흙덩이가 울고 있는 강아지똥을 달래며, 흙덩이 자신이 더 흉측하고 더러울지 모른다고 이야기함.
7장 흙덩이의 이야기 1	9~10	흙덩이는 원래 저쪽 산비탈 밭에서 곡식도 가꾸고 채소도 키웠다고 말함.
8장 흙덩이의 이야기 2	11~12	가뭄이 심했던 지난 여름 키우던 아기 고추를 죽게 해 버려 벌을 받아 달구지에 실려 오다 떨어진 것이라고 함.
9장 소달구지 아저씨 이야기	13~14	소달구지 아저씨는 떨어뜨린 흙덩이를 밭에다 도로 갖다 놓으려고 소중하게 주워 담아감.
10장 혼자 남은 강아지똥	15~16	흙덩이가 떠나고 혼자 남은 강아지똥이 '아무짝에도 쓸 수 없을텐데.'라고 쓸쓸히 중얼거림.
11장 어미 닭과 병아리와의 만남	17~18	병아리를 데리고 지나가던 어미 닭은 강아지똥을 보고 '모두 찌꺼기뿐'이라고 말하며 그냥 가 버림.
12장 민들레와의 만남	19~20	민들레와 만난 강아지똥이 민들레가 예쁜 꽃을 피운다고 하자 부러워 한숨이 나옴.
13장 민들레의 부탁	21~22	민들레가 강아지똥에게 거름이 되어달라고 함.
14장 강아지똥의 기쁨	23~24	민들레의 부탁을 들은 강아지똥은 기뻐서 민들레 싹을 힘껏 껴안음.
15장 부서지는 강아지똥	25~26	자디잘게 부서진 강아지똥은 민들레 뿌리로 들어가 꽃봉오리를 맺음.
16장 민들레꽃으로 태어난 강아지똥	27~28	민들레 싹은 한 송이 아픔다운 꽃을 피웠고, 그 속에는 귀여운 강아지똥의 사랑이 가득 어려 있었음.

활동 내용

[4국01-01] 대화의 즐거움을 알고 대화를 나눈다.
[4국01-04] 적절한 표정, 몸짓, 말투로 말한다.
[4국02-05] 읽기 경험과 느낌을 다른 사람과 나누는 태도를 가진다.
[4국05-04] 작품을 듣거나 읽거나 보고 떠오르는 생각과 느낌을 다양하게 표현한다.

단계	차시	활동 요소	주요 활동 내용
독서 전	1	책과 만나기	책에 대한 경험 나누기, 표지 보고 내용 짐작하기 책 속 그림 훑어보기, 작가에 대해 알아보기
독서	2	책 읽기	여러 가지 방법으로 책 읽기 　- 선생님이 읽어주기 　- 친구들과 나눠 읽기 어려운 낱말 뜻 알아보기
	3-4	필사하기	책 내용 필사하기 　- 필사의 뜻과 방법 알기 　- 필사하며 어울리는 그림 그리기 　- 필사한 장면에 대해 이야기 나누기 　- 실생활과 연관 지어 보기
	5	내용 파악하기	내용과 관련된 퀴즈 만들기 짝과 퀴즈 묻고 답하기 놀이하기 등장인물의 말과 행동 살펴보기 등장인물의 말과 행동에서 느낄 수 있는 마음 찾기
	6	줄거리 정리하기	책을 보며 줄거리 정리해 보기 짝에게 줄거리 말해 주기 짝에게 줄거리 듣고, 나와 차이점 비교해 보기
	7	캐릭터 만들기	인상 깊은 장면이나 등장인물의 말과 행동 찾아보기 클레이로 등장인물 또는 인상 깊은 장면 만들기
	8	책 만들기	강아지똥을 필사하고 그린 그림을 모으기 재미있거나 감동을 느낀 부분 쓰기 필사하고 느낀 점 쓴 내용을 모아 책 만들기
	9-10	역할극 하기	강아지똥에서 재미나 감동을 느낀 부분 고르기 강아지똥 역할극 준비하기 역할 나누기 역할극 하기 역할극 하고 느낀 점 이야기 나누기
독서 후	11	느낀 점 공유하기	줄거리 요약하기 다양한 활동을 하면서 느낀 점 이야기하기 권정생 선생님의 삶 알아보기

3-4차시 수업 풍경(80분)

수업 주제: 강아지똥 내용 필사하기
성취 기준: [4국05-05] 재미나 감동을 느끼며 작품을 즐겨 감상하는 태도를 지닌다.
준비물: 『강아지똥』책, 필기구, 필사용 학습지, 사인펜이나 색연필

필사의 뜻과 방법 알기

필사에 대해서 학생들과 이야기를 나눈다.

- '필사'라는 말을 들어본 적 있나요?
- '필사'는 어떻게 하는 것일까요?
- '필사'를 해 본 경험이 있나요?

'필사'가 무엇인지, 어떻게 하는 것인지, 해 본 적이 있는지 이야기를 나누어보았다. 몇 해 전 지역 도서관에서 '시 필사하기' 행사를 매월 진행했기 때문에 저학년이기는 하지만 관심 있는 부모님과 함께 해 본 경험이 있을 수도 있다는 생각이 들었다.

우리 반에 또래보다 독서 경험이 많은 친구가 '필사'라는 말을 들어본 적이 있다고 하면서 정확하지는 않지만 '책을 보고 베껴 쓰는 것'이라고 대답했다. 그래서 필사의 뜻과 방법, 경험을 이야기해 주었다. 우리 지역 도서관에서 실시한 '시 필사하기' 행사에 선생님이 참여해서 시를 필사해 보았는데, 좋은 시를 천천히 옮겨 쓰면서 시에 담긴 의미를 생각해 볼 수 있는 좋은 경험이 되어서 우리 반 친구들에게 추천하는 것이라고 설명해 주었다.

- 필사란?
  책이나 문서 따위를 베끼어 쓰는 것
- 필사는 어떻게 하는가?
  책의 내용을 천천히 이해하면서 옮겨 쓴다.
- 필사의 장점?
  - 책 전체 내용을 정리해서 기억할 수 있는 효과적인 수단이다.
  - 천천히 쓰면서 내용 중 인상 깊은 문장이나 행간에 담긴 뜻을 더 잘 이해할 수 있다.

필사하기

필사를 하기 전『강아지똥』을 처음 소개할 때처럼 표지의 그림을 보고 이야기를 나눈 후, 이야기가 본격적으로 시작되는 1~2쪽의 문장들을 함께 읽어 보았다.

'시 필사하기' 행사에 참여했을 때 필사했던 시를 우리 반 친구들에게 보여주었다. 앞서 필사에 대한 이야기를 하고 나서인지 의미있는 대답을 하는 친구들이 많았다.

필사는 어떻게 하는 것일까요?
- 선생님이 필사한 시를 보니, 바른 글씨로 책에 있는 글을 따라 쓰는 것 같아요. 맞죠?
- 글씨 바르게 쓰는 거요.

바른 글씨로『강아지똥』의 내용을 천천히 따라 쓰도록 했다. 3학년인 친구들은 맞춤법도 서툴고, 낱말 뜻을 모르는 경우도 많아서 직접 설명해 주거나 시범을 보여주어야 쉽게 이해한다. 그래서 필사하기 첫 번째 시간에는 실물화상기를 이용해서 책의 내용을 보여주었다. 그리고 필사하는 방법을 예로 보여주며 모두 함께 필사를 했다. 필사를 할 때 모르는 낱말 뜻은 설명해 주었다.

필사를 하는 속도가 달라서 학기 초 '한 학기 한 권 읽기' 책으로 신청했던『강아지똥』을 대출해 와서 각자 책을 보며 자신의 속도에 맞게 필사를 하도록 했다.

필사와 어울리는 그림 그리기

강아지똥의 내용을 생각하면서 천천히 바른 글씨로 필사하고 장면도 그리도록 안내했다.

필사의 내용
- 돌이네 흰둥이가 똥을 누었어요.
- 골목길 담 밑 구석 쪽이에요.
- 흰둥이는 조그만 강아지니까
- 강아지똥이에요.

강아지똥 필사하기

어울리는 그림 그려 넣기

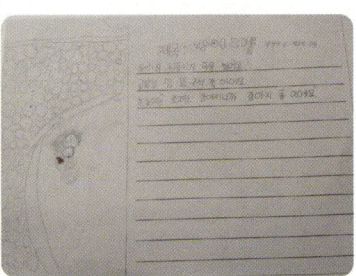
필사한 강아지똥

필사한 장면에 대해 이야기 나누기

- 흰둥이는 무엇을 하고 있나요?
  - 똥을 누고 있어요.

- 흰둥이는 지금 어디에 있나요?
  - 골목길 담 밑 구석이요.

- 우리가 필사하고 있는 장면은 어떤 상황인가요?
  - 흰둥이가 똥을 누는데, 그게 바로 강아지똥인 것 같아요.
  - 흰둥이가 힘을 주고 있는 것 같아요.
  - 똥 누는 게 힘든 것 같아요.
  - 똥에서 김이 모락모락 나는 것처럼 느껴져요.

필사를 하면서 『강아지똥』 내용과 관련지어 질문해 보았다. 우리 반 친구들의 대답은 자신의 경험에서 나오기도 하고, 상상을 통해 나오기도 했다.

실생활과 연관 지어 보기

국어 시간에 필사를 하고, 급식 후, 교실로 돌아가는 길에 학교 뒤편 보도블록 사이에 핀 민들레를 발견했다.
"여기 민들레 있어요!"
"강아지똥에 나오는 민들레요!"
라고 민들레를 보라고 아이들 몇몇이 쪼그려 앉아 자세히 살펴보았다.

어울리는 그림 색칠하기

학교 뒤뜰에 있던 민들레

친구들과 함께 찾은 민들레

필사 활동 시 유의할 점

필사와 어울리는 그림을 완성하는 속도가 달라 계획했던 시간보다 소요되는 시간이 길어져 아침 활동, 국어 시간, 창체 시간 등 교과 및 틈새 시간을 활용하였다.

3-4학년

달빛같이
환하게 빛나는
희망과 기쁨을 이야기 한다

사과나무밭 달님

『사과나무밭 달님』
권정생 글, 윤미숙 그림, 창비

『사과나무밭 달님』은 병들고 가난하지만 누구도 원망하지 않고 착하게 사는 과수원지기 필준이와 어머니 안강댁의 모습을 그리면서 서글픈 현실 속에서도 달빛같이 환하게 빛나는 희망과 기쁨을 이야기하는 그림 동화이다.

필준이는 효자이다. 필준이의 효심은 어린 아이가 되어버린 어머니를 가엾이 여기고 어머니를 위하는 마음이다. 동네에서 가장 가난한 모자이지만 서로 사랑하기에 불행하지 않다. 서글픈 일도 있지만 누구도 원망하지 않고 사는 이들의 삶은 권정생 선생님의 글 속에 등장하는 대부분의 주인공과 닮아있다.

전 연령대가 읽을 수 있는 그림동화여서인지 초등학교 3학년이 이해하기 다소 힘든 시대적 상황이나 어려운 낱말이 나오기도 한다. 하지만 동화책 그림을 보면 동글동글한 느낌의 그림이 아이들이 흥미를 갖고 내용을 이해하는데 많은 도움이 된다.

필준이와 안강댁이 힘든 삶 속에서도 희망을 잃지 않고 긍정적으로 살아가는 모습을 우리 반 친구들도 책을 통해 생각하고 배웠으면 한다.

책 내용 살펴보기

장	쪽	내용
1. 표지	1~2	(앞표지) 필준이가 안강댁에게 베개를 업혀주는 장면 (뒤표지) 사과나무가 가득한 과수원의 모습
2. 이야기 시작	1~2	필준이는 실성한 안강댁의 외아들임. 사람들이 비웃고 놀려도 아무렇지 않음.
3. 가난한 두 식구	3~4	가난한 과수원지기로 필준과 안강댁이 삶.
4. 소꿉놀이 I	5~6	안강댁은 어린애같이 소꿉놀이를 하자고 필준이에게 말하고 베개를 업고 자장가를 부르며 토닥임.
5. 소꿉놀이 II	7~8	필준이의 아버지가 떠나고 난 이후의 상황을 필준이와 안강댁이 소꿉놀이로 대화함.
6. 필준이 아버지	9~10	필준이 첫돌을 며칠 앞두고 소식이 끊긴 아버지는 필준이 나이 마흔이 되어도 돌아오지 않음.
7. 어린 필준이와 안강댁	11~12	어린 필준이가 어머니의 등에 업혀 어딘가로 가는 장면.
8. 밥 얻으러 다니는 안강댁과 필준	13~14	실성한 어머니와 함께 어린 필준이가 이 집 저 집 다니며 밥을 얻어먹으러 다님.
9. 효자 필준 I	15~16	어릴 적부터 효자라고 불리던 필준이는 열두 살 때부터 여기저기 옮겨 다니며 어머니를 모심.
10. 효자 필준 II	17~18	어머니가 먹고 싶어하면 뭐든 사다 드리는 필준.
11. 어머니와 장구경 I	19~20	필준이는 어머니를 업고 개울물을 건너 장 구경을 감.
12. 어머니와 장구경 II	21~22	뭐든 사달라고 조르는 어머니와 함께 다니는 필준을 보고 수군거리는 소리에 필준이는 어머니가 가여움.
13. 어머니 마음 I	23~24	안강댁은 보는 사람마다 필준이의 중매를 부탁함.
14. 어머니의 마음 II	25~26	안강댁은 정신이 들면 필준이에게 나쁜 어미라고 함.
15. 행복한 필준이	27~28	외딴 집에서 과수원지기로 사는 것이 더없이 행복한 필준이는 어머니 없이 하루도 살 수 없을 것 같음.
16. 달님과 만남	29~30	필준이와 어머니는 동산에 솟아오른 달님을 바라봄.
17. 아버지와 달님	31~32	돌아오지 않는 아버지의 얼굴이 달님이라고 말하는 안강댁과 함께 필준이는 달빛처럼 아름다운 눈물을 흘림.

활동 내용

[4국01-04] 적절한 표정, 몸짓, 말투로 말한다.
[4국02-03] 글에서 낱말의 의미나 생략된 내용을 짐작한다.
[4국03-04] 읽는 이를 고려하며 자신의 마음을 표현하는 글을 쓴다.
[4국05-04] 작품을 듣거나 읽거나 보고 떠오르는 생각과 느낌을 다양하게 표현한다.
[4국05-05] 재미나 감동을 느끼며 작품을 즐겨 감상하는 태도를 지닌다.

단계	차시	활동 요소	주요 활동 내용
독서 전	1	책과 만나기	책에 대한 경험 나누기 표지 보고 내용 짐작하기 책 속 그림 훑어보기 작가에 대해 알아보기
독서	2	책 읽기	여러 가지 방법으로 책 읽기 　- 선생님이 읽어주기 　- 한 문장씩 함께 읽기 　- 친구들과 나눠 읽기 어려운 낱말 뜻 알아보기
	3	내용 파악하기	내용과 관련된 질문 만들기 만든 질문으로 서로 묻고 답하기
	4-5	인상적인 장면 그리기	책을 읽으면서 인상적인 장면 선택하기 인상적인 장면 그리기
	6	주인공에게 편지 쓰기	등장인물 중에 편지 쓸 대상 정하기 편지 형식 알아보기 마음이 잘 드러나게 편지 쓰는 방법 알기 하고 싶은 말 생각하고 편지 쓰기
	7-8	인형극 하기	인형극으로 표현하고 싶은 장면에 대해 이야기 나누기 모둠별로 인형극으로 표현하고 싶은 장면 정하기 모둠별로 등장인물, 배경 만들기 목소리 역할 정하기 상황에 어울리는 목소리로 역할극 하기 역할극 하고 등장 인물이 느꼈을 감정 이야기 나누기
독서 후	9	느낀 점 공유하기	달님에게 전하고 싶은 말 남기기 다양한 활동을 하면서 느낀 점 이야기하기

6차시 수업 풍경(40분)

수업 주제: 주인공에게 편지 쓰기
성취 기준: [4국05-04] 읽는 이를 고려하며 자신의 마음을 표현하는 글을 쓴다.
준비물: 『사과나무밭 달님』책, 편지지, 필기도구, 사인펜이나 색연필

편지 쓸 대상 정하기

편지 쓸 대상에 대해서 학생들과 이야기를 나눈다.

『사과나무밭 달님』에 등장하는 인물은 누구인가요?
– 필준이, 안강댁, 마을 사람들입니다.

누구에게 편지를 쓰고 싶나요?
– 필준이 아저씨요.
– 안강댁 할머니요.
– 달님이요.

왜 필준 아저씨에게 편지를 쓰려고 하나요?
– 동화를 읽고 나니 필준이 아저씨가 가엾어서 용기를 주고 싶어요.

안강댁 할머니께 편지를 쓰려는 이유가 무엇인가요?
– 안강댁 할머니를 생각하니 우리 할머니가 생각나서요.

달님에게 왜 편지를 쓰려고 하나요?
– 달님에게 부탁할 말이 있어서요.

편지 형식 알아보기

본격적으로 편지를 쓰기 전에 편지의 형식을 알아본다.

- 받을 사람
- 첫인사
- 전하고 싶은 말
- 끝인사
- 쓴 날짜
- 쓴 사람

편지를 어떻게 쓰는지 잘 모르는 3학년 학생들에게 편지의 형식을 먼저 알려주고, 편지 쓰기를 본격적으로 시작하였다.

마음이 잘 드러나게 편지 쓰는 방법 알기

마음이 잘 드러나게 편지를 쓰려면 어떻게 해야 할까요?
- 전하고 싶은 마음이 잘 나타나야 해요.
- 전하고 싶은 마음을 표현하는 낱말을 사용하고 그때 자신의 생각이나 느낌을 자세히 써요.
- 편지의 형식에 맞게 써야 해요.

마음을 표현하는 낱말에는 어떤 것이 있을까요?
- 축하의 표현: 참 잘 됐어. 내 일 같이 기뻐. 축하해.
- 위로의 표현: 많이 아쉬웠지? 다음에 도전하면 더 잘할 수 있을 거야.
- 감사의 표현: 고마워. 덕분에 잘할 수 있었어.

등장인물에게 편지 쓰기

자신이 정한 사과나무밭 달님에 등장하는 인물에게 마음이 잘 드러나도록 편지를 써 보도록 한다.

편지 쓸 대상 정하기　　편지 형식에 맞게 쓰기　　마음이 드러나게 편지 쓰기

어려운 환경에서도 그 환경을 탓하지 않고, 어머니를 잘 돌보는 효자 필준 아저씨에게 마음을 전하는 편지를 쓴 학생들도 있었고, 돌아오지 않는 필준이 아버지를 기다리는 안강댁 할머니께 편지를 쓴 학생도 있었다.

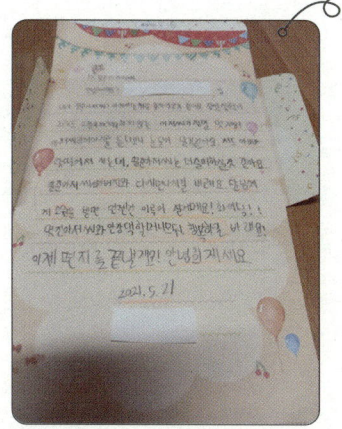

필준 아저씨께 쓴 편지

멋진 필준 아저씨께

안녕하세요? 저는 3-1, ○○입니다.
필준 아저씨는 정말 효자이신 것 같아요.
집안 상황이 어려워도 부끄러워하지 않는
아저씨가 정말 멋져요!
저도 아버지와 떨어져 사는데,
아버지와 다시 만나시길 바래요.
멋진 아저씨와 안강댁 할머니 모두 행복하길
바래요. 안녕히 계세요.

2021. 5. 21. ○○ 올림

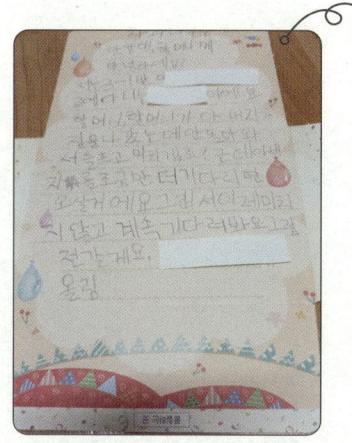

안강댁 할머니께 쓴 편지

안강댁 할머니께

저는 3-1반 ○○학교에 다니는 ○○이에요.
할머니, 할아버지가 버리고 집을 나가서
안돌아와 슬프죠?
근데 조금만 더 기다리면 오실거에요.
그러니 계속 기다려 봐요. 그럼, 전 갈게요.

2021. 5. 21. ○○ 올림

3-4학년

말하는 강아지 달이가
살고 있는 비나리로 가 봐요

비나리 달이네 집

『비나리 달이네 집』
권정생 글, 김동성 그림, 낮은산

『비나리 달이네 집』은 권정생이 유언장에 '잔소리는 많지만 신부님이고 믿을 만한 사람'으로 소개한 경상북도 봉화군 명호면 비나리 마을에 사는 정호경 신부의 실제 이야기를 바탕으로 하고 있다.

다리가 세 개뿐인 말하는 강아지 '달'이는 자신이 사는 통나무집 주인이자 농사꾼인 신부를 아빠라고 부르며 다정하게 살아간다. 어느 날, 달이는 혼자 산에 놀러 갔다가 노루를 잡기 위해 설치한 덫에 걸려 한쪽 다리를 잃는다. 그러나 달이는 가끔 혼자 달을 보며 혼자 눈물을 흘릴 뿐 씩씩하게 지낸다. 아빠도 예전에는 신부이었는데 사람들의 이기적인 모습에 실망하여 비나리 마을로 와서 농사를 지으며 살고 있다.

서로 사랑하며 평화롭게 살고 싶은데 왜 달이가 고통받아야 할까? 달님이 환하게 빛나는 밤이 되면 달이는 네 발로 들판을 뛰어다니는 꿈을 꾼다.

사람들이 하는 행동 중에는 누군가에게 폭력이 되고, 상처를 줄 수 있다는 것을 알고 생명의 소중함을 느껴 볼 수 있으면 좋을 듯하다. 권정생 선생님이 그토록 원하셨던 평화로운 세상이 꿈이 아닌 현실에서 이루어질 수 있도록 함께 이야기하는 시간이 되기를 바란다.

책 내용 살펴보기

순서	쪽(분량)	내용
1	6~9(3)	비나리에 살고 있는 다리가 세 개인 말하는 강아지 달이가 신부인 아빠와 이야기를 나눔. 달이의 다리가 세 개이지만 그냥 달이는 달이일 뿐이라는 달이.
2	10~17(7)	경상북도 어느 산골에 여섯 살인가 일곱 살인가 나이도 자세히 모르는 쪼꼬만 강아지 달이가 늙수그레한 아저씨와 통나무집에서 다정하게 이야기를 나누며 살고 있음.
3	18~25(7)	삼 년 전, 주인아저씨가 통나무집을 짓느라 바빠서 혼자 들로 산으로 놀러 갔다가 달이가 노루 잡는다고 놓아 둔 덫에 걸려 다음 날 아침에 오른쪽 앞다리가 잘려 나가고 피를 흘리며 집으로 돌아 옴. 아저씨가 시내 병원에 가서 없어진 다리 상처를 꿰매고 치료를 받음.
4	26~33(8)	다리가 세 개뿐인 강아지가 된 달이는 옛날처럼 잘 걸어다니고 잘 뛰어 다녔지만 혼자서 하늘을 쳐다보며 눈물 지음. 사람들이 전쟁을 하고 화도 내고, 덫을 놓아 약한 짐승을 잡고, 쓰레기도 버리는 등의 행동을 한다. 이런 사람들을 달이는 불쌍히 여기고 안타까워함.
5	34~41(11)	커다란 성당에서 미사를 하는 신부님을 보고 달이는 신기해함. 달이가 과자(영성체)를 먹고 싶다고 하는 말에 신부님은 왜 미사나 영성체 같은 걸 사람끼리만 해야 하는지 하고 자꾸 생각하게 됨. 달이의 다른 물음에도 대답을 못 함. 작은 성당에 갈 때 산 중턱 작은 집을 보고 달이는 저런 집에 살고 싶다고 함. 하느님도 성당 안에만 있지 말고 이런 데 나와서 살면 좋을 것 같다는 말을 듣고 아저씨도 그러자고 함.
6	42~45(3)	신부님은 일 년 뒤 농사꾼이 됨. 달이가 다리만 다치지 않았더라도 좋았겠지만, 이를 통해 달이는 세상에 모든 게 다 좋은 일만 있지 않다는 것을 배움. 아저씨는 고추도 따고, 콩 타작도 하고, 벼를 거둬들이고 농사를 지으며 생활함. 달이는 아저씨의 뒤를 따라다니며, 아저씨의 바짓가랑이 냄새도, 땀내도 좋아함.
7	46~53(8)	달이는 아저씨의 어린 시절 이야기를 들음. 아저씨가 어렸을 때 전쟁으로 집이 불타고 총으로 서로 죽이고, 식구들이 헤어졌다는 슬픈 이야기를 듣고, 달이는 마음 아파함.
8	54~61(7)	며칠 뒤 달이는 꿈속에서 네 개 다리로 넓은 풀밭을 뛰어다니며 아저씨도 달이 뒤를 따라 뛰는 꿈을 꿈.

활동 내용

[4국01-05] 내용을 요약하며 듣는다.
[4국01-01] 대화의 즐거움을 알고 대화를 나눈다.
[4국01-06] 예의를 지키며 듣고 말하는 태도를 지닌다.
[4국02-05] 읽기 경험과 느낌을 다른 사람과 나누는 태도를 지닌다.
[4국05-04] 작품을 듣거나 읽거나 보고 떠오른 느낌과 생각을 다양하게 표현한다.

단계	차시	활동 요소	주요 활동 내용

독서 전	1-2	책과 만나기
		책 읽기
			1. 표지 보며 내용 짐작하기
			2. 책 읽기(6~17쪽)
			  - 6~9쪽 선생님이 읽어 주기
			  - 10~17쪽 돌아가며 읽기
			3. 반려동물을 키워 본 경험 이야기 나누기
			4. 마음을 나누는 친구란? (생김새나 장애 유무, 공감과 배려, 존중 등)

독서	3-4	책 읽기
		인상 깊은 문장 찾기
		등장인물과 인터뷰하기
			1. 책 읽기(18~33쪽)
			  - 18~25쪽 선생님이 읽어 주기
			  - 26~33쪽 돌아가며 읽기
			2. 인상 깊은 문장과 그 까닭 쓰기
			3. 등장인물과 인터뷰하기(핫시팅)
			  - 등장인물에게 궁금한 점을 질문
			  - 등장인물이 되어 질문에 답하기
			4. 이야기 나누기

	5-6	책 읽기
		고민 종이비행기 날리기
			1. 책 읽기(34~45쪽)
			  - 34~41쪽 선생님이 읽어 주기
			  - 42~45쪽 번갈아 읽기(짝 활동)
			2. 내용 이해하기-이야기 나누기
			3. 종이비행기 날리기(고민거리 적기)
			4. 종이비행기 골라 해결 방법 생각 나누기

독서 후	7-8	내가 바라는 세상 표현하기	1. 책 읽기(46~61쪽)
			  - 46~53쪽 선생님이 읽어 주기
			  - 54~61쪽 번갈아 읽기(짝 활동)
			2. 내용 이해하기
			3. 인상 깊은 문장 찾아보기
			4. 내가 바라는 세상 표현하기(소원 나무 만들기)

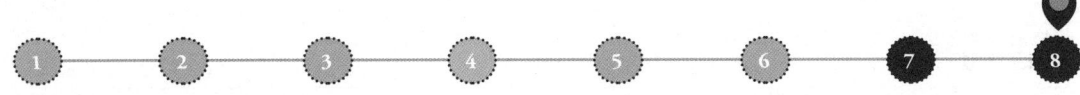

7-8차시 수업 풍경(80분)

수업 주제: 내가 바라는 세상 표현하기
성취 기준: [4국05-04] 작품을 듣거나 읽거나 보고 떠오른 느낌과 생각을 다양하게 표현한다.
준비물: 『비나리 달이네 집』책, 나무 모양 종이, 사인펜이나 색연필

저학년 아이들을 집중시키는 일은 쉽지 않은 일이다. 또, 아이들에게 질문을 하면 친구의 답을 듣고 대답하는 경우보다 모두 각자가 동시에 대답한다. 저학년일수록 아이들이 듣는 것보다 자신의 말하기를 좋아하는 것 같다. 아이들은 대부분 자신이 겪은 일, 좋아하는 운동, 맛있게 먹은 음식 등 본인과 관련된 것을 말할 때 신이 나서 한다. 아이들이 서로 한마디씩 하다 보면 금방 시끌시끌해지기 일쑤이다. 교사가 눈맞춤을 하고 고개를 끄덕여 줄 때까지 말하는 모습을 보면 귀엽기도 해서 웃음이 나기도 한다. 스스럼없이 말하는 것에서 더 나아가 생각을 정리해서 말하는 능력과 내용을 요약하며 듣기 능력, 경청하는 자세 등을 같이 향상시키는 것이 필요하다. 이를 위해 도움이 되는 것이 교사와 학생이 함께 책 읽는 것이라 생각된다. 선생님이 읽어 주는 책을 귀 기울여 듣는 모습을 보게 되어 흐뭇해지기도 한다.

첫 표지만 보았을 때는 달이가 귀여운 강아지로만 생각했는데 읽으면서 다리를 잃는 아픔을 겪었다는 사실에 아이들이 놀라고, 다시 표지를 자세히 보고 다리가 셋이라는 것을 찾아냈다. 조금 특별한 달이의 모습에 안쓰러워하는 마음과 미안해하는 마음을 표현했다. 또한 다리가 셋이지만 씩씩한 달이의 모습을 본받고 싶다고 이야기하는 친구도 있었다.

짐승들은 사람들처럼 전쟁도 하지 않고, 핵폭탄도 만들어 내지 않는다는 대목에서는 학생들이 모두 한 마디씩 공감의 말을 하고, 뉴스에서 보고 들은 이야기를 하며 우리가 사는

세상의 모습을 말했다. 왜 그렇게 되었을까 물어보면, 사람들이 자신만 생각하기 때문이라는 것을 잘 찾아낸다. 그리고 내가 바라는 세상의 모습에 대해서도 자연스럽게 이야기를 나눌 수 있었다.

> 이번 시간은 <비나리 달이네 집> 마지막 시간으로
>
> - 책 읽으며 내용 이해하기
> - 선택 활동: 소원 나무 만들기/ 내가 바라는 세상 표현하기
> - 나만의 뒤표지 그리기
> - 이야기 나누기

수업 열기

지난 시간까지 읽은 간단한 줄거리를 이야기한다. 책의 삽화를 보며 인상 깊게 살펴본 장면을 서로 이야기를 주고받는다.

활동 1) 책 읽기 46~61쪽

교사가 46~53쪽을 읽어 준다. 교사가 읽어 주는 동안 아이들은 눈을 감고 장면을 떠올려 본다. 시를 감상할 때 장면을 떠올려 보는 것처럼 눈을 감고 이야기를 들으면, 이야기의 배경을 생각하며 이야기 속으로 몰입하는 데 도움이 된다. 또한 집중하게 되어 등장인물의 마음을 더 잘 이해한다. 읽는 중에는 질문을 하거나 받지 않고 충분히 이야기 속으로 몰입할 수 있도록 해 보는 것도 좋다. 만약 듣는 도중에 궁금한 점이 있으면 메모해 두었다가 내용 이해하기 단계에서 할 수 있도록 알려준다.

54~61쪽은 짝과 함께 번갈아 가며 읽는다. 책의 내용과 삽화에 대해서 짝과 이야기할 수 있다. 혼자 읽는 방법보다 친구와 같이 읽기를 좋아하는 아이들이 많았다. 짝 활동에도 다른 친구들보다 일찍 끝내고 "다음에는 뭐 해요?"라고 묻는 아이들이 있다. 이를 해결하기 위해 교사는 읽기를 빨리 끝낸 친구들에게는 심화된 질문지(추론적 질문이나 비판・평가적 사고를 요하는 질문이다. 예를 들면, 그 인물은 다음에 어떻게 되었을까? 또는 그 인물이 한 행동은 옳은 것인가? 등)를 준비해 생각을 더 확장시키는 시간을 주면 좋다.

모든 아이들이 다 읽으면 읽은 내용에 대한 질문을 통해 인물의 생각이나 행동을 잘 이해하고 책 내용에 깊게 몰입할 수 있도록 도와주면 좋다.

활동 2) 인상 깊은 문장 찾기

인상 깊은 문장을 찾아보면서 이야기의 내용을 정리해 보았다. 다시 책을 보면서 아이들은 달이와 아저씨의 성격이나 글의 내용에 대해 스스로 이야기 나누는 모습을 볼 수 있었다.

그런데 정작 교사는 읽으면 읽을수록 아이들에게 어떻게 설명해 주어야 되는지 고민에 빠지는 부분도 있었다. 예를 들면 29쪽 달이가 마치 어느 절집 스님 같기도 하고, 도사님 같기도 하고, 예수님 같기도 하다는 부분에서 달이는 사람처럼 다른 사람을 미워하지도 않고 나쁜 짓을 하지 않으니 스님과 도사님, 예수님 같다고 하는 것 같다고 설명했지만, 더 고민이 되었던 부분은 37쪽 달이가 사람들은 미사 때 무서워서 조마조마해 한다는 말, 사람들이 예수님을 나무에 달아 놓고 잡아먹었냐고 묻는 장면에서 달이가 그렇게 생각한 까닭이 무엇일까 나도 생각에 잠기게 되었다.

문학이 독자의 배경지식이나 삶에 따라 다르게 해석 되기도 하니 읽는 이에 따라 달라질 수도 있다는 것을 감안하면 좋을 것 같다.

22쪽
달이는 자동차를 타고 시내 병원에 가서 없어진 다리 상처를 꿰매고 약도 바르고 주사도 맞았지요.

27쪽
다리가 세 개뿐인데도 달이는 옛날처럼 잘 걸어 다니고 잘 뛰어다녔어요.

29쪽
달이가 마치 어느 절집 스님 같기도 하고, 옛날 옛날 훌륭한 도사님 같기도 하고, 때로는 예수님 같기도 하다니까

31쪽
강아지나 토끼나 산에 사는 노루나 늑대나 호랑이나 모든 짐승들은 사람들이 벌이는 그 무시무시한 전쟁 같은 건 절대 하지 않잖아요.

41쪽
하느님도 성당 안에만 있지 말고 이런 데 나와서 살면 좋을 텐데…….

활동 3) 선택활동: 소원 나무 만들기/ 내가 바라는 세상 표현하기

소원 나무 만들기 활동은 모둠으로 진행했다. 모둠에서 달이와 아저씨의 소원은 무엇인지 이야기를 나누고, 돌아가며 자신의 소원, 내가 바라는 세상의 모습을 말했다. 소원 나

무 만들기 활동을 할 때 우리 집, 우리 학교, 우리 마을, 우리나라, 세계 등 폭을 점차 확대해 볼 수 있도록 지도하면 아이들의 생각을 더 다양하게 자극할 수 있을 것이다.

나무 모양을 4절 도화지나 칠판에 그려도 좋고, '포스트잇'이나 '허니컴보드'를 활용해도 좋다. 우리는 'Tree & I'라는 나무 모양의 종이가 있어서 모둠별로 나눠주고 거기에 바로 적을 수 있게 했다.

내가 바라는 세상 표현하기 활동은 개인별로 했다. '월드비전 엽서 그리기 대회'가 있어서 그와 연계하여 진행했다.

발표 준비 시간도 주고 발표할 때는 그렇게 생각한 까닭도 함께 말할 수 있도록 한다. 행여나 자신의 차례만 생각하고 듣지 않는 친구도 있을 수 있으므로 미리 듣는 자세에 대해 지도하도록 한다.

- 학교 폭력이 없는 세상! 폭력 없는 아름다운 사회
- 평화롭게 살 수 있는 세상
- 동물 학대 없는 세상
- 아동 학대 없는 세상
- 코로나 없는 세상

- 깨끗하고 건강한 지구가 되게 해 주세요
- 동물공장이 없어져서 동물들에게 자유를 주세요
- 보이스피싱이 없어지게 해 주세요
- 학교에 학교폭력이 없게 해 주세요
- 가족이 오래오래 건강하게 살 수 있게 해 주세요

🎆 수업 닫기

　권정생 선생님이 바라셨던 평화로운 세상에 대해 아이들이 생각해 볼 수 있는 시간이 되었다. 반면에 일본과 독도 이야기, 북한 등에 대한 이야기가 나왔는데, 깊게 이야기를 나누지 못한 아쉬움이 있다. 일본에 대한 적대감을 표현하는 아이가 있었는데, 다음에는 올바른 세계관과 가치관에 대해 함께 토의해 봐도 좋겠다.

> 3-4학년

비교하지 말고 나답게
아름다운 까마귀 나라

『아름다운 까마귀 나라』
권정생 글, 김용철 그림, 도서출판 산하

『아름다운 까마귀 나라』는 네 개의 동화가 수록되어 있다. 「아기 산토끼」, 「가엾은 나무」, 「떡반죽 그릇 속의 개구리」, 「아름다운 까마귀 나라」이다.

네 번째 동화 「아름다운 까마귀 나라」는 어린 까마귀인 깽깽이가 주인공이다. 깽깽이가 사는 마을에서는 어른 까마귀들이 이상한 옷을 입고, 이상한 소리로 운다. 어른들은 잘살기 위해 힘이 세고 신사인 나라를 따라 배워야 한다고 했다. 깽깽이는 훌륭한 나라의 지배를 받아서 그렇게 자신의 모습을 잃어가면서까지 몸치장을 해야 한다는 것도 알게 된다. 어느 날 밖으로 나간 깽깽이는 거추장스러운 옷을 벗어버리고 가장 아름다운 모습은 까마귀다운 모습으로 사는 것이라고 친구들에게 이야기한다. 친구들도 거추장스러운 옷을 벗어버린다. 아이들의 모습을 지켜보던 어른 까마귀들도 가짜 옷을 벗고 자유로워진다는 이야기이다.

「아름다운 까마귀 나라」는 고학년에서 우리 민족의 주체성과 역사에 관한 주제와 함께 이야기할 수 있다. 저학년에서는 다른 사람과 비교하지 않는 '나다움'에 대해 이야기를 나누면 좋은 동화이다.

활동 내용

[4국01-05] 내용을 요약하며 듣는다.
[4국01-03] 원인과 결과의 관계를 고려하며 듣고 말한다.
[4국01-06] 예의를 지키며 듣고 말하는 태도를 지닌다.
[4국02-05] 읽기 경험과 느낌을 다른 사람과 나누는 태도를 지닌다.
[4국05-04] 작품을 듣거나 읽거나 보고 떠오른 느낌과 생각을 다양하게 표현한다.

단계	시간	활동요소	공부 순서
독서 전 독서	1	책과 만나기 책 읽기 깽깽이 그리기	1. 표지 보며 내용 예상하기 2. 책 읽기(59~63) 3. 내용 이해하기 4. 아기 까마귀 깽깽이의 모습 그리기 5. '이상한' 모습(알록달록한 옷) VS '진짜' 모습(시커먼 몸뚱이) 이야기 나누기
독서 및 독서 후	2	책 읽기 이야기 나누기	1. 책 읽기(64~67) 2. 내용 이해하기 3. 어른 까마귀 VS 아기 까마귀, 거짓되게 사는 것 VS 진실되게 사는 것 이야기 나누기
독서 및 독서 후	3	책 읽기 나다움 찾아보기 (나의 강점 찾기)	1. 책 읽기(68~71) 2. 내용 이해하기 3. 인상 깊은 문장 찾기 4. 나다움 찾아보기(나의 강점 찾기) 5. 이야기 나누기
독서 후	4-5	등장인물의 가치 찾기 뒷이야기 상상하여 쓰기	1. 줄거리 말하기 2. 등장 인물에게 발견한 가치 알아보기 3. 까마귀 나라의 뒷이야기 상상하여 쓰기 4. 이야기 나누기

3차시 수업 풍경(40분)

수업 주제: 읽은 내용 이야기 나누기
성취 기준: [4국05-04] 작품을 듣거나 읽거나 보고 떠오른 느낌과 생각을 다양하게 표현한다.
준비물: 『아름다운 까마귀 나라』책, 사인펜이나 색연필, 네임펜 등

총 5차시

『아름다운 까마귀 나라』는 네 개의 동화가 실려져 있다. 첫 번째 동화는 상자 속에 갇힌 하얀 토끼를 위해 기도하는「아기 산토끼」이고, 두 번째 동화는 5천 년 느티나무가 남풍과 북풍의 감언이설로 반으로 색깔이 나눠 서로 싸우다 자신의 나무 빛깔을 찾지 못한 채 서 있는「가엾은 나무」이야기이다. 세 번째 동화「떡반죽 그릇 속의 개구리」는 개구리가 임금님의 떡을 굽는 관원장에게 백성들의 어려움을 호소하고 함께 살아갈 수 있도록 말하고 죽임을 당하는 이야기이다. 이는 모두 우리의 역사 속 현실과 아픔에서 나온 이야기라고 할 수 있다. 이에 고학년에서 역사와 함께 다루어 온책 읽기를 해도 좋을 것 같다.

네 번째 동화「아름다운 까마귀 나라」도 역시 고학년에서 영화 '말모이'를 보면서 역사와 함께 다루어도 좋다. 저학년에서는 '나다움(강점 찾기)', '용기', '진정한 아름다움'의 가치와 연계하면 좋겠다.

수업 열기

지난 시간에 읽었던 깽깽이와 엄마 까마귀의 대화를 떠올려 보고 깽깽이와 엄마 까마귀의 마음에 대해 이야기 나눈다. 아이 중에는 일제 강점기에 대해 이야기하기도 한다. 우리말과 우리글이 없어질 뻔한 위기에 대해서 알고 있는 아이의 말을 듣고 다른 친구도 역

사에 관심을 가지는 분위기가 엿보였다. 내가 그런 시대에 살고 있다면 어떻게 생활했을지 상상해보고 발표했다. 깽깽이의 다음 행동에 대해 추측해보면서 책읽기를 시작했다.

책 읽기

먼저, 68~69쪽 삽화를 보고 이전의 까마귀 모습과 달라진 것을 찾아본 뒤, 교사가 책을 읽어 준다. 교사 읽어 줄 때 아이들이 생각할 수 있는 시간이 필요하겠다 싶은 부분은 조금 천천히 읽어 주어도 괜찮을 듯하다. 예를 들면, "진짜 훌륭하고 아름다운 모습은 자기 모습 그대로 사는 거야."를 읽을 때 진짜 훌륭하고 아름다운 모습은 자기 모습 그대로 사는 것이라는 것에 대해 생각할 시간을 주면 자연스럽게 더 생각이 깊어질 것이다.

내용 이해

책을 끝까지 읽은 후 전체적인 내용에 대한 질문과 나라면 어떻게 했을까에 대한 생각을 주고 받았다.

까마귀의 새까만 깃털 대신 이상한 깃털 옷으로 몸을 감싸는 것에 대해 깽깽이는 어떻게 생각했나요?
- 싫어했어요. 힘이 들어 날지도 못한다고 했어요.

엄마 까마귀는 시꺼먼 몸뚱이가 부끄럽지도 않냐고 했을 때, 만약 내가 깽깽이라면 어떻게 말했을까요?
- 까만색 그대로가 좋다고 말할 거예요.

어른 까마귀는 몸맵시도 울음소리도 모든 마을 모습도 이상하게 변했는데 뭐라고 말했나요?
- 훌륭한 신사 나라가 되었다고 좋아했어요.
- 힘도 세어졌고, 멋있는 나라가 되었다고 했어요.

까마귀 나라에서 몸치장을 하고 이상한 울음소리를 배우는 진짜 이유는 무엇인가요?
- 훌륭한 나라의 새들이 까마귀 나라를 다스리고 있기 때문이에요.
- 우리나라도 일본에게 지배당한 적이 있어요. 일제강점기요.

역사책을 읽어서 알고 있는 친구도 있네요. 까마귀 나라의 주인은 누구일까요?
우리나라의 주인은 누구일까요?
- 까마귀 나라의 주인은 까마귀예요. 우리나라의 주인은 우리이고요.

어른 까마귀는 몸맵시도 울음소리도 신사 나라를 따라 한 진짜 까닭은 무엇일까요?
- 신사 나라가 시키는 것을 안 하면 불이익을 당할까 봐 무서워서요.

깽깽이는 거짓 깃털 옷을 어떻게 했나요?
- 깽깽이는 거짓 깃털 옷을 벗어 버리고 아기 까마귀들에게도 진짜 아름다운 모습은 자기 모습 그대로 사는 거라고 말했어요.

그럼 여러분은 어른 까마귀들의 행동과 깽깽이의 행동에 대해 어떻게 생각하나요?
- 깽깽이의 행동은 용기 있어요.
- 어른 까마귀들은 힘센 나라의 것을 따라 했지만, 깽깽이는 용기 있게 따라 하지 않았어요.

책에서 인상 깊은 문장을 찾아 볼까요?
- 68~69쪽 진짜 훌륭하고 아름다운 모습은 자기 모습 그대로 사는 거야.
- 70쪽 어떤 힘센 나라도 우리 까마귀 나라를 다스리지 못한다.
- 70쪽 까마귀 나라에 진짜 까마귀 울음소리가 흥겹게 울려 퍼졌습니다.

나다움-나의 강점 찾기 - 지금 나의 모습 그대로를 사랑해

깽깽이가 말했던 '진짜 훌륭하고 아름다운 모습은 자기 모습 그대로 사는 거'라는 것을 고학년에서는 역사와 연관하여 일제강점기 시절의 삶에 대해 역사신문 만들기, 일제 강점기 시대의 학생이 되어 일기 쓰기, 애국지사의 삶과 업적 조사 보고서 만들기 등의 활동을 하면서 우리 민족의 주체성에 대해 이야기 나누면 좋겠다.

저·중학년에서는 '진짜 훌륭하고 아름다운 모습은 자기 모습 그대로 사는 거'라는 것을 진정한 아름다움은 자기 모습 그대로를 인정하고 자신의 장점을 찾아보는 것에 중점을 두어 활동을 했다.

자신의 좋은 점을 찾아보고 나만의 아름다움을 발견해 보는 활동을 하면 좋겠다. 누구와 비교하지 않고 자신의 강점을 찾아 표현할 수 있도록 한다. 생각그물로 나타내거나, 손가락 그림에 5개의 장점을 써도 괜찮다.

잘하는 것을 적으려니 아무 것도 적지 못하는 아이도 있었다. 이런 아이들에게는 자신의 신체적 특징, 좋아하는 것을 생각해 보고 그로 인해 좋은 점을 떠올려 보도록 한다. 예를 들면, 키가 커서 좋은 점과 키가 작아서 좋은 점, 강아지를 좋아하는 아이는 강아지의 산책을 잘 시키는 것, 동생과 노는 것을 좋아하는 아이는 그것도 동생을 잘 돌봐주는 좋은 점이라고 칭찬해 주면 자신감 있게 이것저것 자신의 작지만 소중한 것을 발견한다. 이 활동을 하면서 아이들이 장점을 찾지 못해 텅 빈 채 있는 아이에게 옆 친구가 좋은 점을 말해 주는 모습을 보고 흐뭇했다.

🔅 수업 닫기

깽깽이가 "진짜 훌륭하고 아름다운 모습은 자기 모습 그대로 사는 거야."라고 말했듯이 아이들이 자신의 아름다움을 발견하고, 아름다움을 용기 있게 발표하고, 이를 서로 격려해주는 교실이 되기를 바란다.

1-2학년

길에서 만난 인연들
길로 길로 가다가

『길로 길로 가다가』
권정생 글, 한병호 그림, 한울림어린이

『길로 길로 가다가』는 경북 안동 지방에서 전승되고 있는 전래동요를 바탕으로 만들어졌다.

아이들이 좋아하는 파란 꼬마도깨비가 유쾌하게 길을 가다가 우연히 바늘 하나를 줍는다. 주운 바늘로 뭐할까 고민하던 도깨비는 휘어서 낚싯바늘을 만들고 낚싯바늘로 뭐할까 고민하다가 잉어 한 마리를 낚고, 낚은 잉어로 뭐 할까 고민하다가 가마솥에 끓인다. 그리고는 마지막에는 조부모와 부모님을 초대하여 끓인 잉어를 대접한다.

나머지는 산속 동물들과 사이좋게 나눠 먹는 그림도 나온다. 이는 음식을 어른들께 먼저 드리며 다 함께 나눠 먹는 우리나라 전통적 가치들이 짧은 그림책에 풍부하게 녹아있는 글이라고 생각한다. 그리고 이 책은 말이 꼬리에 꼬리를 물고 음율과 리듬을 타고 흥을 돋워 노래 부르듯 쉽게 책장을 넘길 수 있다.

조그만 바늘에서 낚시대로, 낚시대에서 잉어로, 잉어에서 가마솥으로 꼬리에 꼬리를 물고 이어지는 이야기를 따라가다 보면 어느덧 따뜻한 가족애를 느낄 수 있을 것이다.

1학년 학생들에게 나눔의 아름다움과 효를 가르쳐 주는 따뜻한 그림책이다.

활동 내용

[2국02-03] 글을 읽고 주요 내용을 확인한다.
[2국05-02] 인물의 모습, 행동, 마음을 상상하며 그림책, 시나 노래, 이야기를 감상한다.
[2국05-04] 자신의 생각이나 겪은 일을 시나 노래, 이야기 등으로 표현한다.
[2국05-05] 시나 노래, 이야기에 흥미를 가진다.

단계	차시	활동 요소	주요 활동 내용
독서 전	1	책과 인사하기	제목, 표지 보고 내용 예상해 보기 예상한 내용 발표해 보기 작가 소개하기 책 제목, 책에 나오는 낱말 익히고 글자쓰기 연습
독서	2	책 읽고 전래동요 부르기	교사가 그림 보여주며 책 읽어주기 책 내용으로 독서 퀴즈 풀기 책 내용 이야기 나누기 전래동요 반주에 맞춰 노래 부르기 소고 연주하며 노래 부르고 소감 나누기
	3	노랫말 바꾸기	노랫말 바꿔 부르기 '길로 길로 가다가' 노래 부르며 '길에서 만난 친구' 놀이하기 놀이 마치고 소감 나누기
독서 후	4-5	기억에 남는 장면 그리기	길에서 만난 이웃 이야기 나누기 내가 만난 이웃을 학습지에 그려 발표하기 책 내용 중 가장 기억에 남는 장면 발표하기 그림으로 표현하고 책표지 만들기 그림을 칠판에 전시하고 친구들에게 설명하기 친구들 발표 듣고 소감 나누기 독서 단원 정리하기

1차시 수업 풍경(40분)

수업 주제: 표지 보며 내용 예상하기
성취 기준: [2국05-02] 인물의 모습, 행동, 마음을 상상하며 그림책, 시나 노래, 이야기를 감상한다.
준비물: 『길로 길로 가다가』책, 쓰기공책, 허니컴보드, 보드마카

표지 보며 내용 예상하기

표지 보며 이야기 나누기

표지를 보면서 이야기를 나눈다.

학생들과 표지의 꼬마도깨비와 동물 친구들을 보며 이야기를 나눈다.

도깨비하면 무엇이 먼저 생각나는가요?
- 도깨비방망이, 뿔, 무섭다는 생각 등

표지에 그 외 어떤 동물들이 등장하나요?
- 호랑이, 여우, 토끼, 까마귀 등

표지에 나오는 도깨비를 보면 어떤 생각이 드나요?
- 장난꾸러기 같다. 다른 동물 친구들과 친해 보여서 마음씨 착한 도깨비 같다.

제목을 읽어보니까 길을 가다가 어떤 일들이 생길 것 같나요?
- 길을 가다가 친구들을 만날 것 같다.

여러분은 길을 가다가 경험한 일 중 기억에 남는 일이 있나요?
- 예쁜 꽃을 보았다. 강아지, 고양이를 보았다. 신기한 가게들을 보았다 등

1학년 학생들에게 도깨비는 무서운 뿔에 뾰족한 도깨비방망이를 들고 사람들을 괴롭히는 심술쟁이로 생각하는 경우가 많았다. 그러나 표지에 나오는 도깨비는 장난꾸러기 같아 보이지만 여러 동물들과 친하게 보여서 마음씨 착한 도깨비 같다고 말하는 학생들이 많았다.

작가 소개

권정생 선생님을 간단히 소개한다.
어버이날을 맞아 같이 시청했던 애니메이션『엄마 까투리』와 아침활동 시간에 읽어 주었던『강아지똥』책을 떠올리며 책 작가의 이야기를 시작한다.

- 권정생 선생님의 작품 중 여러분이 좋아하는 그림책『강아지똥』,『엄마 까투리』가 있어요.
- 권정생 선생님은 안동에 살면서 아름다운 동화를 많이 썼어요. 지금은 돌아가셨지만 선생님이 생활하면서 작품을 쓰셨던 집도 그대로 보존되어 있어요.
- 선생님이 직접 쓰신 작품들과 물건들이 동화나라에 전시되어 있는데 우리 학교에서 멀지 않아요. 시간이 되면 가족들과 꼭 가 봐요.

제목 글자쓰기 연습

5월 중순의 1학년 학생은 받침없는 간단한 글자를 읽고 쓰는 수준이다. 그래서 학생들 스스로 동화책을 읽기보다는 교사나 부모가 그림책을 읽어주는 것을 더 자연스럽게 받아들인다.
제목『길로 길로 가다가』를 교사와 같이 한 글자씩 읽고 쓰기 공책에 한 글자씩 써보며 글자학습도 겸하는 것이 책을 깊이 있게 이해하도록 하는데 효과적일 것 같다.

아울러 책에 나오는 바늘, 낚시, 잉어, 가마솥, 할배, 할매, 엄마, 아빠라는 단어도 같이 읽고 써보는 글자학습을 통해 그림책의 내용에 좀 더 가까이 다가볼 수 있는 기회를 제공하는 것도 좋을 것 같다.

제목 『길로 길로 가다가』 글자 연습

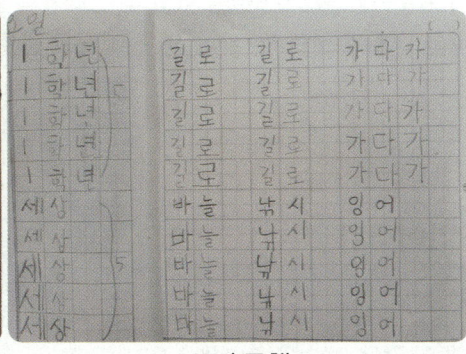

쓰기 공책

낱말 글자 연습

낱말 글자 연습

2차시 수업 풍경(40분)

수업 주제: 책 읽고 전래동요 부르기
성취 기준: [2국02-03]글을 읽고 주요 내용을 확인한다.
준비물: 『길로 길로 가다가』책, 전래동요 반주, OX판, 소고

책 읽어주기

책의 그림을 보여주며 내용 읽어주기

그림을 보여주며 학생들에게 천천히 읽어준다. 그림에 등장하는 인물의 모습과 표정도 하나하나 짚어가며 학생들이 이야기에 몰입할 수 있도록 한다.

도깨비가 바늘을 주웠을 때 어떤 표정을 하고 있었나요? 어떤 마음이었을까요?
- 이 바늘이 왜 여기에 있지? 누가 잃어버렸을까? 궁금한 얼굴로 바늘을 보고 있다.

잡은 잉어를 어깨에 메고 도깨비가 걸어갈 때 얼굴 표정을 살펴 볼까요?
- 기분 좋은 표정이다. 행복한 표정이다. 이걸 누구에게 줄까 고민하는 표정 같다.

아빠, 엄마가 잉어음식을 드실 때 다른 동물 친구들의 표정을 살펴 볼까요?
- 자기들이 먹을 음식이 안 남았을까 걱정하는 표정이다. 같이 먹고 싶어하는 표정이다.

책 내용 확인하기

독서 퀴즈 진행하기

책 내용을 잘 이해했는지 독서 퀴즈를 푼다. 받침글자를 정확히 모르는 학생들이 많아 교사가 문제를 읽어주고 학생들은 OX판으로 답을 들어 퀴즈를 풀었다. 대부분 학생들이 전체 이야기를 잘 이해하고 있어 퀴즈를 잘 풀었다.

꼬마도깨비가 길에서 주운 것은 바늘이다.   O

바늘로 만든 것은 낚시대이다.   O

낚시대로 붕어를 잡았다.   X

잉어를 밥솥에 끓였다.   X

끓인 잉어로 할배, 할매, 아빠, 엄마를 불러 같이 먹었다.   O

독서 퀴즈 모습

책 내용 이야기 나누기

책 내용과 관련된 질문을 듣고 자신의 생각을 말하고 친구들의 생각과 비교해 보는 활동을 했다. 다소 엉뚱한 의견이 나와도 교사의 긍정적인 반응으로 학생들이 다양한 생각을 자유롭게 말할 수 있도록 하였다.

길 또는 밖에서 물건을 주워 본 적이 있나요?
- 놀이터에서 줄넘기를 주웠다. 교실에서 지우개를 주웠다. 길에서 돈 100원을 주웠다.

내가 만약 길에서 바늘을 주웠다면 무엇을 할까요?
- 바늘을 엄마에게 주어 바느질할 때 사용하도록 하겠다
- 바늘로 무기를 만들어 집에 도둑이 들어오면 사용하겠다.

낚시대로 잡은 잉어를 나라면 어떻게 했을까요?
- 집에서 길러 새끼를 낳아 팔겠다. 우리 집 수족관에서 기르겠다.
- 잉어에게 용궁을 구경시켜 달라고 하겠다.

가마솥에 끓인 잉어를 나라면 어떻게 했을까요?
- 시장에 팔아서 돈을 벌겠다. 가족에게 먹이고 양이 많아서 친구들을 불러서 먹이겠다.

전래동요 따라 부르기

전래동요 반주에 맞춰 신나게 노래 부르기

손뼉이나 소고를 치면서 흥겹게 노래를 부르는 것이 수업의 흥미를 높이는데 도움이 된다고 생각된다. 또, 노랫말 내용처럼 길을 가는 것처럼 교실 여기저기를 다니며 친구들과 함께 노래를 부르는 것이 학생들의 적극적인 수업 참여를 이끌 수 있었다.

길로 길로 가다가 바늘 하나 주웠네

주운 바늘 뭐할까? 낚시 하나 휘었지

휘인 낚시 뭐할까? 잉어 한 마리 낚았지

낚은 잉어 뭐할까? 가마솥에 끓였지

끓인 잉어 뭐할까? 할배 한 그릇 드리고 할매 한 그릇 드리고

아빠 한 그릇 드리고 엄마 한 그릇 드리고 함께 함께 먹었지 함께 함께 먹었지

'길로 길로 가다가' 전래동요 부르기

3차시 수업 풍경(40분)

수업 주제: 노랫말 바꿔 부르기
성취 기준: [2국05-05]시나 노래, 이야기에 흥미를 가진다.
준비물: 『길로 길로 가다가』책, 전래동요 반주, 화이트보드, 보드마카

노랫말 바꿔 부르기

모둠 친구들과 노랫말 바꿔 부르기

　모둠 친구들과 협력하여 노랫말을 다양하게 바꿔 보는 활동을 한다. 길에서 물건을 주운 내용으로 국한하면 1학년 특성상 인과관계에 맞게 노랫말을 바꾸기가 어려워 길에서 일어날 수 있는 모든 상황을 다 허용하도록 한다. 바꾼 노랫말을 서툰 글씨지만 화이트보드에 적고 모둠 친구들과 같이 불러보았다. 박자에 맞게 손뼉치기 또는 제자리에서 걷는 동작을 하면서 노래를 부르니 학생들이 더 흥겨워하였다.

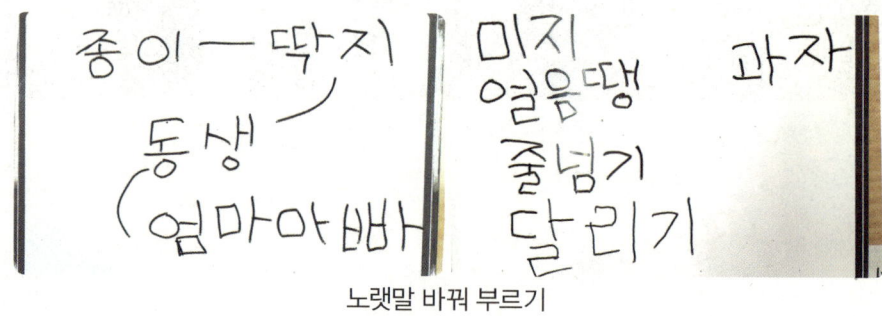

노랫말 바꿔 부르기

길로 길로 가다가 종이 하나 주웠네
주운 종이 뭐할까? 딱지 접기 했지
접은 딱지 뭐할까? 딱지 치기 하였지
딱지 치기 누구랑? 동생하고 놀았지
또 누구와 놀았나? 아빠엄마 모두다
함께 함께 놀았지 함께 함께 놀았지

길로 길로 가다가 친구 철수를 만났지
철수하고 뭐할까? 얼음땡 하며 놀지
그 다음은 뭐할까? 줄넘기 같이 했지
그 다음은 뭐할까? 달리기 같이 했지
그 다음은 뭐할까? 과자 같이 먹지
함께 함께 먹었지 함께 함께 먹었지

전래동요 부르며 놀이하기

전래동요를 부르며 '길에서 만난 친구' 놀이하기

'길로 길로 가다가' 노래를 흥겹게 부르며 교실 여기저기 길로 걸어다니다가 교사의 호루라기 소리에 맞춰 잠시 동작을 멈춘다. 이때 가장 가까운 길거리에서 만나 친구와 짝이 되어 가위바위보를 한다.

진 친구가 이긴 친구 뒤에 서서 친한 이웃이 된다. 같은 방법으로 친한 이웃과 함께 노래를 부르다 만난 또 다른 친구들과 가위바위보를 해서 새로운 이웃을 만들게 된다.

이 놀이를 통해 전래동요를 친근하게 접하여 우리의 전통 문화를 아끼는 마음과 친구들과 놀이를 통해 친밀함을 키워가며 이웃의 소중함도 느낄 수 있었다.

'길로 길로 가다가' 노래 부르며 '길에서 만난 친구' 놀이

가장 가까이 있는 친구와 가위바위보 하기

'길로 길로 가다가' 노래 부르며 교실 여기저기를 걸어 다니기

놀이 마치고 소감 나누기

 교실 여기저기를 돌아다니며 만난 친구들과 놀이를 통해 이웃이 되고 인연을 맺은 느낌을 자유롭게 말해 보았다. 가위바위보에서 이긴 친구도 진 친구도 모두 친근한 이웃을 만들었고 이 활동으로 친구들의 소중함을 다시 생각해 보는 기회가 된 것 같다.

4-5차시 수업 풍경(80분)

수업 주제: 기억에 남는 장면 그리기
성취 기준: [2국05-04]자신의 생각이나 겪은 일을 시나 노래, 이야기 등으로 표현한다.
준비물: 『길로 길로 가다가』책, 학습지, 도화지, 색연필, 사인펜

우리 이웃을 소개합니다

내가 살고 있는 이웃집 사람들을 떠올려 보도록 한다.

아침에 만나는 아파트 경비아저씨, 앞집 아주머니, 윗층 아저씨, 마트 아저씨, 학교 앞 문구점 아주머니, 교통 봉사 하시는 친구의 엄마 등 우리는 많은 이웃들을 만나며 알게 모르게 관계를 맺으며 살아가고 있음을 지도한다.

1학년은 그림 그리기를 좋아하는데 특히, 많은 사람들을 다양하게 그리는 것을 즐거워하여 아래 학습지를 통해 우리 주변에 다양한 이웃이 살고 있음을 이해하고 정리해 보는 활동을 구성했다.

우리 이웃을 소개합니다

책표지 꾸미기

　책 내용 중 가장 기억에 남는 장면을 떠올려 보고 이야기를 나눈다.
　학생들마다 다양한 이야기 내용이 나오는데 교사가 예상치 못한 장면을 말하기도 한다. 그리고 기억에 남는 이유도 논리적으로 말하는 학생들이 있는가 하면 다소 서툴지만 어린이의 순수한 언어로 나름대로의 이유를 말하는 학생들도 있었다.
　앞 차시에서 익힌 책 제목 글자를 종이 위쪽에 한 자씩 천천히 쓰고, 기억에 남는 장면을 떠올린 후 밑그림을 그리고 색칠 하였다. 그리고나서 친구들에게 내가 꾸민 책표지를 간단히 소개하는 활동을 해 보았다.

어떤 장면이 제일 기억에 남고 그 이유는 무엇인가요?

- 꼬마도깨비가 바늘을 주운 장면. 나도 예전에 길거리에서 돈을 주운 적이 있어서 기억에 오래 남는다. 도깨비가 바늘을 줍고 행복해 하는 것 같아서. 도깨비가 바늘로 무엇을 할지 궁금해서.
- 꼬마도깨비가 엄청 큰 잉어를 잡는 장면. 아빠와 캠핑갔을 때 낚시를 한 적이 있는데 작은 물고기를 잡았던 기억이 떠올라서.
- 꼬마도깨비가 잉어를 가마솥에 끓이는 장면. 예전에 매운탕을 먹은 적이 있는데 엄청 맛있어서 제일 그 장면이 기억에 남는다.
- 끓인 잉어를 온 가족이 같이 먹는 장면. 우리 가족이 맛있는 음식을 같이 먹을 때 참 기분이 좋았기 때문이다.

나만의 책표지

  첫째 그림은 도깨비가 우연히 주운 바늘을 다른 친구들에게 뺏기지 않으려고 높은 나무 위에 올라가서 바늘로 무엇을 할까 홀로 고민하는 장면이라고 설명하였다.
  둘째 그림은 잡은 잉어를 큰 가마솥에 끓이면서 맛있는 잉어 요리를 빨리 먹고 싶어서 군침을 흘리고 있는 도깨비가 귀여워서 제일 기억에 남는다고 설명하였다.
  셋째 그림은 도깨비가 주운 바늘을 보며 도대체 누가 바늘을 잃어버렸을까? 혹시 잃어버린 사람 울고 있지 않을까? 걱정하는 장면이라고 설명하였다.

  나만의 책표지 설명을 끝마친 뒤 같은 책을 읽었지만 친구들마다 기억에 남는 장면이 서로 다를 수 있음을 알게 되었다. 앞으로도 친구들의 생각과 내 생각을 비교해 보는 활동으로 학생들이 생각하는 힘을 키울 수 있으면 좋겠다.

1-2학년

이담에 나도
콩이가 힘든 일이 있으면
도와줘야지

물렁감

『물렁감』
권정생 글, 박경진 그림, 우리교육

『물렁감』은 권정생 선생님 책 중에 짧은 글과 영상에 익숙하고 책읽기를 힘들어하는 7~8세 어린이들이 읽기에 좋은 책으로 많이 소개되고 있다. 권정생 선생님의 세상을 대하는 따뜻한 마음과 정갈한 문장으로 친구 사이의 모습을 담백하게 담은 동화이다.

아기 돼지 통통이가 감나무 밑에서 감을 딸 듯 말 듯 못 따고 애쓰는 모습을 지나가던 아기 사슴 콩이가 감을 따주고, 아기 돼지 통통이가 함께 나눠 먹자 하지만 아기 사슴 콩이는 엄마 심부름 가는 길이라며 가던 길을 간다. 그리고 아기 돼지 통통이는 물렁감을 맛있게 먹으면서 자신도 아기 사슴 콩이처럼 나중에 도와줘야지하며 생각하는 장면으로 끝이 난다.

극적이고 절정의 장면이 없어 오히려 마음이 편안하고, 정겨운 우리 이웃 이야기로 다가오는 이 동화는 권정생 선생님께서 아이들에게 '세상은 서로 돕고 살아야 한다, 얘들아.'하고 나지막이 말씀하시는 것 같이 느껴지는 동화이다.

활동 내용

[2국05-02] 인물의 모습, 행동, 마음을 상상하며 그림책, 시나 노래, 이야기를 감상한다.
[2국02-03] 글을 읽고 주요 내용을 확인한다.
[2즐01-01] 친구와 친해질 수 있는 놀이를 한다.
[2국02-04] 글을 읽고 인물의 처지와 마음을 짐작하다.

단계	차시	활동 요소	주요 활동 내용
독서 전	1	이야기 예상하고 함께 읽기	제목, 표지 그림을 살펴보고 내용 짐작하기 예상한 내용 발표해 보기 이야기 나누기
독서	2	이야기 내용 파악하기	이야기 차례 살펴보기 등장인물에게 하고 싶은 말 책 제목, 책에 나오는 낱말 익히고 글자쓰기 연습
	3-4	함께하니 더 즐겁다 놀이하기	유토로 등장인물 만들고, 역할극 해보기 친구 거울 놀이하기 놀이 마치고 소감 나누기 친구와 사이좋게 지내는 방법 찾기
독서 후	5	권정생 선생님 알기	권정생 선생님이 동화를 통해 전하고 싶은 말씀 찾기 권정생 선생님 동화는 또 어떤 동화가 있을까?

1차시 수업 풍경(40분)

수업 주제: 이야기 예상하고 함께 읽기
성취 기준: [2국05-02] 인물의 모습, 행동, 마음을 상상하며 그림책, 시나 노래, 이야기를 감상한다.
준비물: 『물렁감』책, 필기구

표지 보며 내용 예상하기

표지 보며 이야기 나누기

앞표지와 뒤표지를 보면서 이야기를 나눈다. 학생들과 표지의 아기 사슴과 아기 돼지를 보며 이야기를 나눈다.

표지에 무엇 무엇이 보이나요?
– 감, 아기 사슴, 아기 돼지, 잠자리, 나뭇잎, 감나무

아기 사슴과 아기 돼지는 무얼하고 있나요?
– 아기 사슴이 감나무를 잡고 있고, 아기 돼지가 감 먹고 싶어서 입맛을 다시고 있어요.
– 아기 돼지가 아기 사슴에게 '그러면 안 돼.'라고 말하고 있어요

아기 사슴과 아기 돼지에게는 어떤 일이 벌어질까요?
– 아기 사슴이 아기 돼지에게 감을 따서 주려고 한다. 아기 돼지가 아기 사슴에게 감 따달라고 졸랐다. 아기 사슴이 나무를 꺾으려는데 아기 돼지가 말렸다. 등

뒤표지에 아기 사슴은 잠자리들과 무슨 이야기를 할까?
– 잠자리들이 사슴이랑 놀고 싶은가 봐요 등

앞표지와 뒤표지의 그림을 보며 아이들은 '감나무를 꺾으면 안 돼요, 아기 사슴은 나뭇가지를 물고 있으면 안 돼요', '아기 돼지가 사슴에게 그러면 안 돼라고 말해요.' 등 여러 가지 이야기들을 자유롭게 상상했다. 아기 돼지 통통이 주인공 이름을 부정적인 의미로 장난스럽게 이야기하는 아이도 있었다. 다음 차시에서 권정생 선생님 동화 중 『상아시동』도 꼭 함께 읽어보고 귀하지 않은 이가 없고 모두가 소중한 존재임에 대한 이야기도 나눠야겠다는 생각을 했다.

2차시 수업 풍경(40분)

수업 주제: 이야기 내용 파악하기
성취 기준: [2국02-03]글을 읽고 주요 내용을 확인한다.
준비물: 『물렁감』책, 포스트잇, 유토

총 5차시

이야기 차례 살펴보기

저학년 아이들은 이야기를 간추려 발표하기가 쉽지 않다. 그래서 선생님과 번갈아 가며 줄거리 이어가기를 하였다.

선생님: 아기 돼지가 감이 먹고 싶어 감나무에 올짝올짝 뛰고 있었어요.

아이들: 아기 사슴은 아기 돼지를 보고 말을 걸었습니다.

선생님: 아기 돼지가 깜짝 놀라 엉덩방아를 찧었고, 아기 사슴은 물렁감 가지를 똑 따줬어요.

아이들: 아기 돼지는 고맙다며 아기 사슴에게 같이 먹자 했어요.

선생님: 아기 사슴은 감을 먹지 않고, 엄마 심부름 가던 길을 갔어요.

아이들: 아기 돼지는 담에 아기 사슴을 도와줘야겠다고 생각했어요.

교과서 지문 읽기, 숫자 읽기, 노래 따라 부르기, 일의 처리 순서 등 1학년 아이들은 종종 연속으로 인지를 해야 하는 내용들을 한 번에 이야기하기를 어려워한다. 선생님과 번갈아 읽기, 번갈아 말하기를 하면 아이들이 혼동 없이 곧잘 참여하고, 스스로 성취감을 얻는 데도 도움이 되는 것 같다.

등장인물에게 하고 싶은 말

아기 돼지나 아기 사슴에게 어떤 말을 하고 싶니?

- 아기 돼지야, 너 잉덩망아 찔을 때 아팠겠나.
- 아기 사슴아, 너 친구를 도와주는 모습을 칭찬하고 싶다.
- 아기 사슴아, 너는 엄마 심부름을 혼자서 잘하는구나.
- 아기 돼지가 아기 사슴과 감을 함께 나눠먹으려고 해서 칭찬해.
- 앞으로도 아기 돼지 너도 친구를 잘 도와주어라.
- 아기 돼지야, 사랑해, 고마워

책 제목 알고, 작가 이름 쓰기

아직 한글을 깨우치지 못한 아이들도 있는 우리 반 교실에서 쓰기 상황이 발생하면 걱정부터 하는 친구들도 오늘은 열심히 쓴다. 물렁감과 권정생 선생님 글자 속에 받침글자는 무엇에 들어가는지 생각하면서 글자 쓰기를 한다. 물렁감의 어감이 재밌는지 물렁물렁 소리 내며 읽는 장난꾸러기들도 있다.

'물렁감' 글자연습

'권정생 선생님' 이름 익히기

3-4차시 수업 풍경(80분)

수업 주제: 함께하니 더 즐겁다 놀이 하기
성취 기준: [2즐01-01]친구와 친해질 수 있는 놀이를 한다.
준비물: 『물렁감』책, 유토

유토로 등장인물 만들고 역할놀이 해보기

  고학년보다 저학년 아이들은 역할놀이를 참 편안하게 한다. 흉내 내기도 곧잘 부끄럼 없이 놀이하듯 한다. 쉬는 시간에 난 강아지야 하면서 강아지 흉내 내며 교실을 기어다니고, 큐브 몇 조각 가져와서 초밥이라고 나에게 주는 친구들도 있다. 머쓱하기도 하지만 큐브초밥 먹는 흉내도 내주고 주머니에 빈 손 돈도 주고, 또 다른 큐브음식을 주문해주면 애들이 굉장히 즐거워한다.

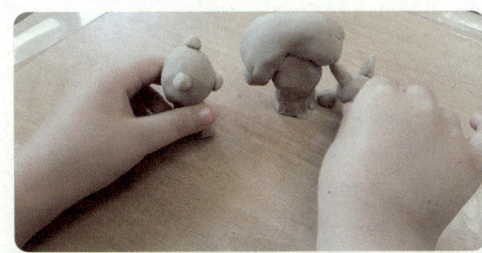
유토로 등장인물 만들기

만든 등장인물로 역할놀이하기

  물렁감 이야기는 극적이지도 않고, 아이들을 열광시키는 이야기도 없다. 우리 생활과 근접한 이야기이고, 읽고 나면 마음이 편안하고 따뜻해지는 느낌이 있다. 그래서 아이들은 역할놀이로 해볼까라고 했을 때 쉽게 받아들이는 것 같았다. 유토로 물렁감에 나오는 등장인물 만들기를 한 후 역할놀이를 해보기로 했다. 유토로 아기 돼지와 아기 사슴 그리고 감을 만드려는 친구가 대부분이었는데 미리 만든 친구는 혼자서도 이야기를 꾸미고 재잘거리며 노는 모습을 보였다.

친구 거울 놀이

통합 여름 가족 단원의 '사이좋게 불러요'라는 노래가 나오는 동안 친구 한 명의 행동을 거울처럼 따라하는 놀이를 해본다.

친구끼리는 거울처럼 닮는다고 해요. 여러분도 친구에게 올바른 모습을 보여주고,
또 아기 사슴이나 아기 돼지처럼 잘 도와주는 친구가 되길 바라요. 내가 내 친구에게 좋은 거울이 되길 바랍니다. 아기 사슴의 돕는 착한 행동을 아기 돼지도 배웠지요.
우리는 모두에게 배우고 모두에게 가르치고 있다는 것 잊지 마세요.

거울놀이는 한 명이 거울이 되어 노래에 맞춰 흥겹게 몸을 움직이고 그 모습의 다른 친구들이 따라하는 놀이입니다. 즐겁게 따라해 봅시다.

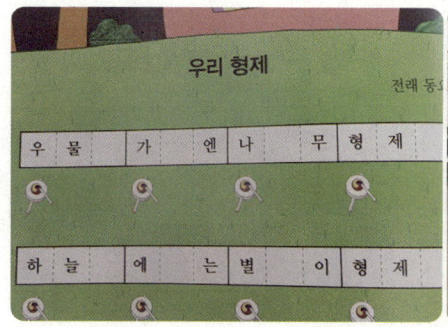
1학년 여름 가족 단원 [사이좋게 불러요]

거울놀이 하기

5차시 수업 풍경(40분)

수업 주제: 권정생 선생님 알기
성취 기준: [2국02-04] 글을 읽고 인물의 처지와 마음을 짐작한다.
준비물: 『강아지똥』책

권정생 선생님이 동화를 통해 전하고 싶은 말씀 찾기

『물렁감』이야기를 통해 권정생 선생님께서 우리 아이들에게 전하고 싶은 생각은 무엇이었을까, 아이들은 또 어떤 지혜를 얻었을까 이야기 나눠 보고자 한다.

강아지똥과 애니메이션으로 본 엄마까투리를 본 적 있나요?
이 두 작품을 쓴 사람이 바로 권정생 선생님이세요.
이 분께서는 우리 안동 지역에 오랫동안 사시다가 돌아가셨답니다. 선생님을 기억하기 위해
권정생 동화나라라는 곳이 생기기도 했구요.
기회가 되면 권정생 선생님 생가와 동화나라를 가족들과 한 번 가보길 바라요.

권정생 할아버지는 아이들이 읽어야 할 동화를 펴내는 것을 미안해하셨다고 해요.
마음껏 뛰어놀아야 하는데 붙잡고 책을 읽게 하니 말이에요.
세상을 어떻게 살아야 하는지 배워야하니 조금씩 조금씩 읽으라 하시면서
그런 마음을 담아 동화를 쓴다라고 하셨어요.

교실에서 권정생 할아버지 이야기를 풀어놓으니 아이들이 한 권 더 읽어달라 조르길래 내친김에 물렁감과 더불어 아이들에게 가장 친근한 이야기『강아지똥』책도 읽어주기로 했다. 지난 1차시 수업 때 아기 돼지 통통이를 나쁜 의미로 놀려대던 아이에게도 할 말이 있으니 말이다.

우리가 읽은 물렁감과 강아지똥을 쓰실 때 권정생 선생님께서는 어떤 말씀을 우리에게
하시고 싶으셨을까?

- 모두 친구들과 우리 이웃들과 함께 어려운 일이 생기면 서로 도와주고 지내야 한다.

- 이 세상 생명이 있는 모든 것은 쓸모없는 것이 없단다.

- 나도 소중하고 내 친구도 소중하다.

- 우리 모두는 서로 소중하니 귀하게 대해야 한다.

『물렁감』 책으로 수업을 하는 동안 권정생 선생님께서 아이들을 아끼시는 그 마음을 새삼 깊이 느꼈다. 우리 아이들이 '아기 돼지 콩이처럼 나도 친구들 많이 도와줘야지.'하고 마음을 먹는 아이들이 더 많아지길 기대해본다.

3장
문학캠프와 문학기행

읽고싶은 책
선생님께서
하는 마음을
권정생
이세현
다는 것이 대단하다
아프셨는데도 고
책을 쓰신 것이
같다. 권정생 선
책들을 다 읽어
느낀점: 권정생 선
멋지고, 재밌었다.

‖ 문학캠프

캠프 아이디어 나누기

코로나19로 암울한 시간에 무언가를 도모한다는 것은 큰 용기가 필요했다. 언제나 안전과 방역을 고민해야 하고, 좋은 의도가 뜻하지 않은 나쁜 결과를 가져올 수 있기 때문이다. 경북지역 곳곳의 작은 학교에서 방역 수칙을 지키면서 아이들을 위한 다양한 활동을 하는 소식을 듣고 나니 너무 움츠리며 살고 있는 건 아닌가 많은 반성이 되었다. 특히 문경 호계초에서 한 권정생 문학 캠프(2020년)는 좋은 자극제가 되었다. 호응이 좋았던 문학 캠프를 따라하고 싶었다. 자료와 아이디어를 얻어 우리도 준비하였다. 이 시간에도 몸과 마음이 자라나는 소중한 우리 아이들에게 우리 역량으로 무엇이라도 할 수 있는 것은 해보자는 생각으로 권정생 문학 캠프를 기획하였다.

〈도토리교사독서연구회〉 회원이 모여 몇 가지 의견을 모았다.

1. 일시 및 대상: 여름 방학 중에 3학년 학생 중 희망자 중심으로

코로나19 상황을 감안하여 여러 학년의 학생이 섞이는 것보다 같은 학년의 학생을 대상으로 활동 내용을 준비하면 수업 진행이 용이하고 학생들도 더 즐겁게 참여할 수 있을 것 같다. 책에 대한 관심이 높아지고 문학 작품을 소개하기 적합한 3학년으로 결정하였다.

학급 밀집도를 낮추기 위하여 3학년 학생 중에 16명만 신청을 받아서 활동하기로 결정하였다.

2. 권정생 전시회

우리가 갖고 있는 권정생 도서를 모두 모아 전시를 하고, 책 안내 현수막을 게시하기로 하였다. 복도에는 권정생 작품 원화 전시를 하는 것을 기획하였다.

3. 작가 소개

아이들에게 작품 이야기와 작가 이야기를 간단하게 PPT로 소개하기로 하였다.

4. 에코백 만들기와 마술 종이 캐릭터 제작

아이들이 좋아하는 엄마 까투리 캐릭터를 이용하여 에코백 만들기 활동과 작품 속 그림 또는 자신이 좋아하는 캐릭터를 하나 골라서 마술 종이를 만드는 활동을 준비하였다.

5. 포토존 설치

아이들이 사진을 찍을 수 있는 포토존을 설치하고 활동이 일찍 끝난 학생은 포토존에서 사진을 찍을 수 있는 시간을 마련하기로 하였다.

6. 책 선물

방학 중에 자신의 시간을 내어서 캠프에 참여하는 것은 참 고마운 일이다. 활동에 참여하는 학생 모두에게 연구회 예산으로 책 선물을 하기로 하였다.

캠프 준비하기

캠프 계획을 세운 후 대상 학년 담임선생님과 의논을 하고 계획을 안내한 후 희망 신청서를 받았다. 인원이 많으면 선정되지 않을 수도 있다는 단서를 달았지만 예상보다 많은 30명의 학생이 신청을 하였다. 애초에 한 교실만 활용하려던 계획을 옆 교실까지 활용하여 두 개의 반으로 만들기로 하였다.

〈권정생 동화나라〉에 문의를 하여 원화 대여가 가능한지를 확인하고 권정생의 삶 이야기도 사전 예약을 해두었다. 직접 권정생 동화나라에 가서 빌려와야 하므로 시간 약속도

미리 해두었다. 구입할 것과 제작할 것을 나누어 역할 분담을 하고 준비물을 챙기기로 했다. 캠프 3일 전까지 모두 준비를 마치기로 하고 캠프 전날에 학교에 모여 현수막을 비롯한 전시회까지 모두 준비를 끝냈다. 아이들에게 줄 간식도 코로나19 상황이므로 캠프 활동이 끝나고 마치고 집으로 갈 때 가셔 가는 것이 안선하다고 판단이 되어 실온 보관 가능한 것으로 준비하고 집으로 가져가서 먹을 수 있는 것으로 안내하였다.

순	내용	준비물	수량	비고
1	문학 캠프 배경	캠프 현수막 1개	1	제작
		포토존 현수막 1개	1	제작
		권정생 배너 1개	1	제작
		책 표지 현수막 1개	1	제작
2	권정생 이야기 강아지똥노래	컴퓨터+ 영상 (ppt 만들기)		제작
3	책 전시	권정생 책	30권	개인
		미니 이젤	30개	개인
		원화 전시(금강산 호랑이 23장)	1세트	대여
		권정생의 삶(우드락 10장)	1세트	대여
4	커피콩빵 코너 (8/10 만들기)	커피콩빵기계		개인
		반죽재료/용기		개인
		휴지, 물티슈, 종이가방		구입
5	에코백 만들기	예시작품	30 +5	제작
		제작과정		제작
		에코백		제작
		캐릭터 그림		구입
		먹지, 색칠용구		구입

순	내용	준비물	수량	비고
6	마술 종이 캐릭터	예시작품	30 +5	제작
		제작과정		제작
		오븐		개인
		마술 종이		구입
		네임펜, 색연필 등		구입
7	책 선물	캠프참가자 전원	30 +2	구입
8	방역 및 출석	체온계 2		학교
		손소독제 2		학교
		출석표		제작
		사전 연락		
		이름표(라벨)		제작
		당일 출석 체크		준비
	사전 준비	교실 청소 & 소독	※ 모든 준비는 전날까지 완료하고 최종 점검한다.	
		구급약품 확인		
		여분의 마스크	※ 간식은 코너를 마련해두고 당일 아침에 가져온다.	
		포토존 설치		
		배너(권정생 삶 만화) 설치		
		원화 설치		
		커피콩빵 코너(빵과 물)		
		행운의 책 코너(선물용 책)		
		오븐 자리 확정(안전 유의)		
		교문 및 복도 안내판		
		교실 책상 이름표		
		활동 순서 안내 종이		

캠프 활동 하기

　장마 소식에 불안했다. 다행히도 비가 오지 않아서 행복했다. 비가 온다면 더 신경 쓸 일이 많아지고 바빴을 것이다.

　교문 앞과 교실 앞에서 아이들을 맞이하면서 교실을 안내하였다. 고학년과 달리 3학년은 자신의 교실이 아닌 다른 곳에서 활동을 하면 쉽게 교실을 찾아가지 못한다. 사전 안내를 여러 번 해도 당일에 다시 안내를 해주어야 교실을 찾아 헤매는 아이들이 없다.

　미리 학생 준비물로 **개인 실내화, 개인 물병, 마스크, 필통, 개인 색연필**을 준비하도록 안내하였다. 준비를 못한 학생들을 위해 연필, 색연필, 마스크 여분을 재확인한다.
　격려와 칭찬으로 우리 아이들에게 행복한 추억을 만들어 주기로 했다.

반가워요.
환영해요.
열심히 하는군요.
꼼꼼하게 하네요.
아이디어가 좋네요.
색깔이 잘 어울리네요.
선생님이 도와줘도 되니?
내가 도와줄게.
조금 기다려주세요.
역시 ○○초등학교 어린이들! 선생님이 들은 대로 열심히 하는군요.
감사해요.
거리두기를 잘하네요.
마스크를 잘 끼고 있네요.
조심해서 잘하는군요.
고마워요.

교사용 활동 계획서

순서	A반 (방과후실) 14명	B반 (미술실) 13명	비고
9:00-9:30	캠프 준비 최종 확인 교사 발열 체크 커피콩빵 포장 코너 준비물 확인 체크		8:50분까지 교실 도착(다 같이)
9:30-10:00	학생 발열체크 출석 및 이름표 확인 9시55분까지 오지 않은 학생 전화 연락 도토리 캠프 메모지 주기(포스트잇 포함) 행운권 주기(안OO, 강OO)-이름표 옆 번호 써두기		백OO (교문 앞 맞이) 안OO, 강OO (교실 앞)
10:00-10:20	①인사 및 안전 수칙 안내 ②활동 안내(박OO)	①인사 및 안전 수칙 안내 ②활동 안내(임OO)	레크리에이션으로 시간 조절
	③권정생 삶과 작품 강아지똥 노래(백OO)	전시장 둘러보기(강OO)	
	전시장 둘러보기(안OO)	③권정생 삶과 작품 강아지똥 노래(백OO)	
10:40-11:20	④에코백 만들기 (박OO, 안OO)	④마술 종이 캐릭터 만들기 (임OO, 강OO)	*교사가 교실 옮기기 *활동이 끝난 학생은 사진 촬영(강OO, 백OO)
11:20-11:40	⑤마술 종이 캐릭터 만들기 (임OO, 강OO)	⑤에코백 만들기 (박OO, 안OO)	
11:40-11:50	⑥마무리 활동 책선물+커피콩빵 선물 포스트잇 마무리	⑥마무리 활동 책선물+커피콩빵 선물 포스트잇 마무리	분담 역할 대로
11:50~	자리 정리 인사 A그룹 먼저 출발, B그룹 이어서 출발		백OO(교문 앞 배웅)

교사용 활동 시나리오

순서	활동 내용 예시
① 인사 및 안전 수칙 안내	* 다같이 인사해요. (다같이 안녕하세요) 선생님은 도토리교사독서연구회의 OOO선생님입니다. 반갑습니다. 건강한 모습으로 캠프에 참여헤 주이 정말 고맙습니디.
	* 코로나 상황으로 몇 가지 주의점을 알려줍니다. 먼저, 다른 사람과 거리두기를 합시다. 화장실 가고 싶은 사람은 왼손으로 ok표시를 합시다.
② 활동 안내	* A그룹이 권정생 선생님이 살아가신 모습을 이야기로 듣는 동안, B그룹은 전시장을 둘러보며, 선생님이 쓴 책을 살펴봅니다. * B그룹이 교실에 들어가면, A그룹이 전시장을 둘러봅니다.
③ 권정생 삶 강아지똥 노래 (5분)	* 권정생 선생님의 삶(2분) * 권정생 선생님의 작품(1분) * 강아지똥 노래(2분)
<중략>	
⑥ (마무리 활동) 책 선물 포스트잇 마무리 간식 선물	* 여러분 수고 많았어요. 교실에 들어올 때 행운권을 선택했지요? 오늘 책 선물은 행운권 번호대로 뽑습니다. 1번을 고른 사람이 먼저 나와서 책을 골라주세요. (순서대로 책 가져가기)
	* 오늘 도토리 문학 캠프가 재미있었나요? 또 하고 싶나요? 오늘 여러분은 권정생 선생님이 어떻게 살았고, 어떤 작품을 쓰셨는지 살펴보았어요. 또 권정생 선생님의 작품 중에서 엄마 까투리의 캐릭터를 응용하여 에코백을 만들어 보았고, 권정생 선생님의 작품 뿐 아니라 다양한 작품 속의 주인공이나 캐릭터를 마술 종이로도 만들어 보았어요. 유용하게 사용하기를 바랍니다.
	* 오늘 한 활동 중에 기억에 남는 것이 무엇인지 적어보세요. 가장 재미있었던 것을 적거나 알게 된 것을 적으면 됩니다. 여러분이 정성껏 적은 글은 선생님에게 큰 도움이 됩니다.
	* 포스트잇을 붙인 학생은 간식을 받습니다. 책을 보면서 간식을 먹으면 좋지만, 오늘 간식은 코로나19 때문에 조심해야 하니 집에 가져가서 먹기를 바랍니다.
자리 정리 및 인사	* 자기 자리 정리를 잘해볼까요? 자신의 물건을 잘 챙겨주세요. * 에코백, 마술 종이 캐릭터, 책 선물, 커피콩빵 선물 확인해 주세요. * 서로 배려하며 열심히 활동한 여러분 감사합니다. * 안전하게 집으로 곧장 갑니다. (다같이 인사)

현수막 및 포토존 등 준비

문학 캠프 현수막(200×90㎜)
〈권정생의 삶〉 배너(60×180㎜)

엄마 까투리 포토존(200×180㎜)
(EBS 자료 활동)

엄마 까투리 캐릭터

| 엄마 | 마지 | 두리 | 세찌 | 꽁지 |

엄마 까투리 캐릭터 색칠놀이(EBS 자료 활동)
엄마 까투리와 첫째 마지, 둘째 두리, 셋째 세찌, 막내 꽁지의 캐릭터를 일정 수 만큼 복사를 해둔다. 꽁지가 가장 인기가 많으므로 꽁지를 가장 많이 복사해두면 좋다.

캠프 활동 아카이브

복도에는 원화 금강산 호랑이를 전시하고 교실에는 아이들의 안전과 편리함을 기준으로 활동에 적합한 준비물을 비치하였다.

❶ 작가에 대한 안내와 소개 이야기

에코백 만들기

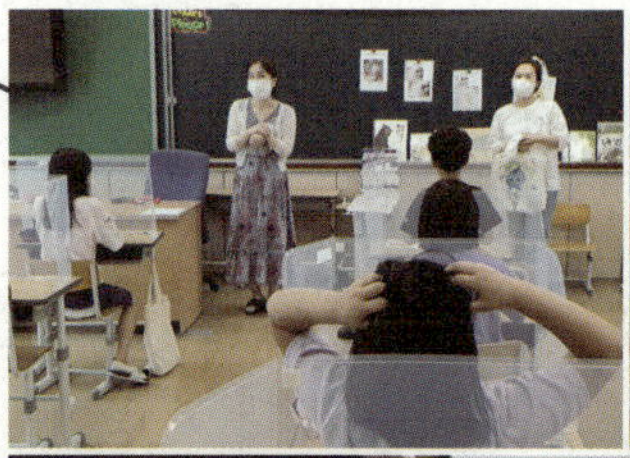

❷ 에코백 만드는 방법을 자세하게 안내하기

❸ 그리고 싶은 캐릭터 고르기

❹ 캐릭터를 보고 그리거나 먹지를 대고 따라 그리기

❺ 유성 사인펜으로 색칠하기

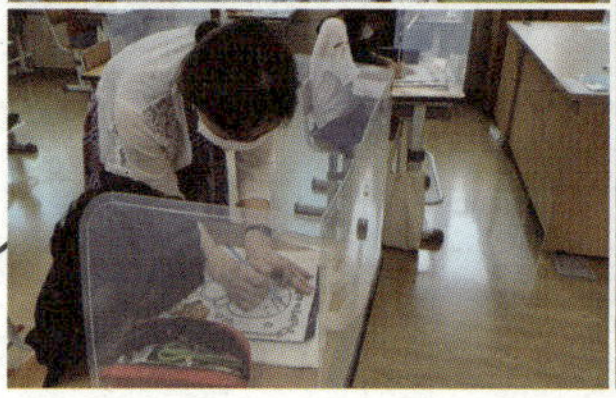

❻ 선생님이 도와줄까?

❼ 완성된 에코백

마술 종이로 캐릭터 만들기

❶ 순서 이해하기

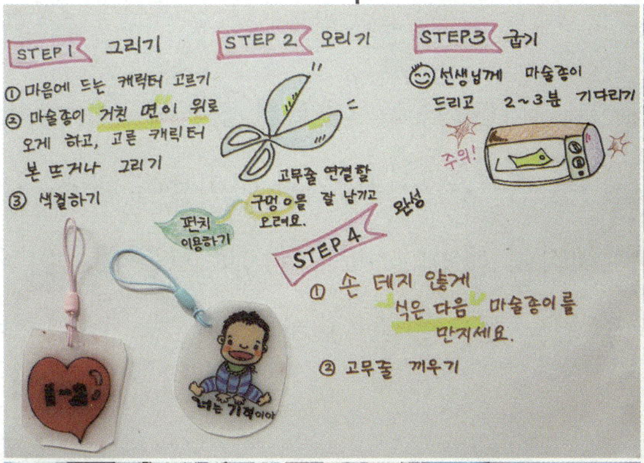

❷ 마술 종이에 마음에 드는 캐릭터를 그리고 색칠하기

❸ 오븐에 굽기 (안전을 위하여 선생님이 도와줍니다.)

❹ 포토존에서 사진 찍기

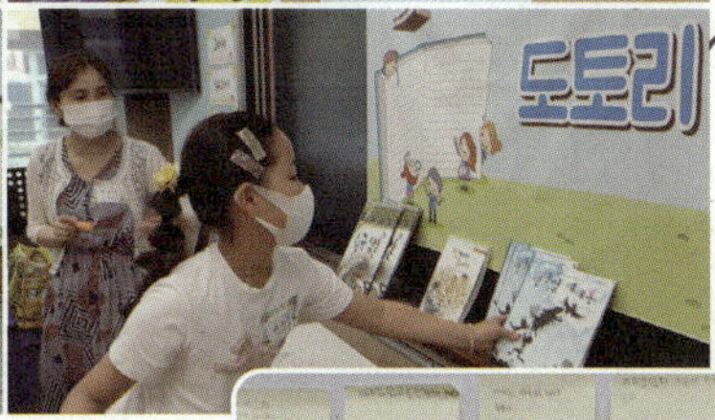

❺ 읽고 싶은 책 고르기

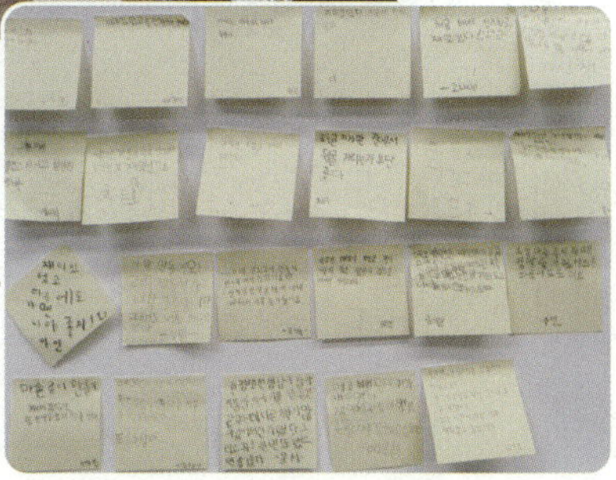

❻ 활동을 정리하며 소감 쓰기

활동 소감

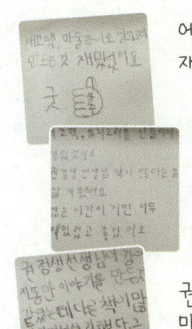

에코백, 마술 종이로 열쇠고리 만드는 것 재밌었어요.

에코백, 열쇠 고리를 만들어서 재밌었어요. 권정생 선생님 책이 많다는 걸 알게 됐어요. 짧은 시간이지만 너무 재밌었고 좋았어요.

권정생 선생님이 강아지똥만 이야기를 만든 것 같았는데 다른 책이 많이 있어서 신기했다. 그리고 꼭! 한 번 또 했으면 좋겠다.

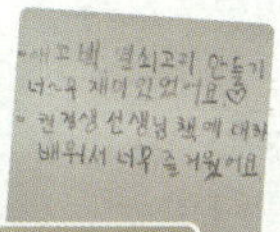

에코백, 열쇠고리 만들기 너~무 재미있었어요. 권정생 선생님 책에 대해 배워서 너무 즐거웠어요.

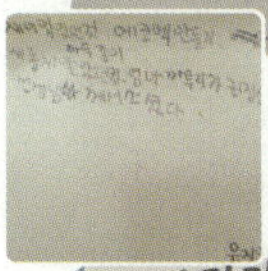

재미있었던 것: 에코백 만들기, 마술 종이 새롭게 알았던 것: 엄마 까투리가 권정생 선생님께서 쓰셨다.

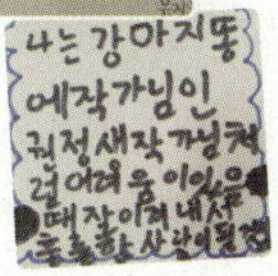

나는 강아지똥의 작가인 권정생 작가처럼 어려움이 있을 때 잘 이겨내서 훌륭한 사람이 될 것이다.

캠프 돌아보기

캠프에 참여한 후 책을 읽으며 좋아하는 아이들을 보면서 학부모들도 호응이 좋았다. 방역에 신경을 쓰느라 교사 입장에서는 만족스러운 캠프는 아니었지만 아이들이 책에 대한 관심을 높이는 작은 기회가 되어 다행이라는 생각이 들었다. 코로나19로 모든 활동이 위축될지라도 '그럼에도 불구하고' 우리가 할 수 있는 것을 찾고, 오히려 책을 많이 읽는 기회로 삼으면 좋겠다는 생각이 들었다.

교내 권정생 전시회

권정생 문학 캠프를 위하여 준비했던 자료를 더 많은 아이들과 나누고 싶어서 교내 권정생 전시회를 기획하였다. 원화 전시와 배너, 작품 전시, 엽서 활동 등으로 권정생 작품을 소개하고 알아가는 시간을 마련하고자 하였다. 학년별, 학급별 이용 시간을 정하여 혼잡해지지 않도록 조율하였다.

5-6학년 피드백

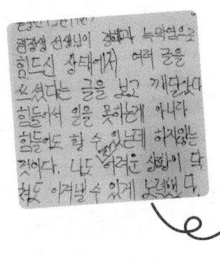

권정생 선생님이 결핵과 늑막염으로 힘드신 상태에서 여러 글을 쓰셨다는 글을 보고 깨달았다. 힘들어서 일을 못하는 게 아니라 힘들어도 할 수 있는데 하지 않는 것이다. 나도 어떤 어려운 상황이 닥쳐도 이겨낼 수 있게 노력하겠다.

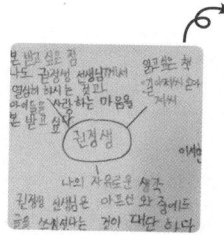

본받고 싶은 점: 나도 권정생 선생님께서 열심히 하시는 것과 아이들을 사랑하는 마음을 본받고 싶다.

읽고 싶은 책: 길아저씨 손아저씨
나의 자유로운 생각: 권정생 선생님은 아프신 와중에도 글을 쓰셨다는 것이 대단하다.

아프셨는데도 그렇게 많은 책을 쓰신 것이 대단하신 것 같다. 권정생 선생님이 쓰신 책들을 다 읽어보고 싶다.

권정생 작가님의 생은 아름답고 힘들기도 하면서 참 행복해 보였다. 아쉬운 점은 내가 태어나기 전에 돌아가셨다는데 안타깝고 아쉬웠다.

3-4학년 피드백

작품이 아름다웠습니다.
이렇게 아름다운 줄 몰랐지만 보고 알았습니다.
저도 권정생 같은 작가가 되겠습니다.

책을 엄청 많이 쓰셔서 놀랐다.
이렇게 많은 책을 만든 건 몰랐다.

권정생 선생님은 대단하신 것 같아요.
책도 많이 만드시고 마음씨도 착하시고 그래서 권정생 선생님처럼 작가가 되고 싶어요.

-알게 된 내용: 권정생 선생님이 일본 도쿄에서 1937년에 태어나셨다는 것을 알았다.
-느낀 점: 권정생 선생님의 작품이 멋지고 재밌었다.
-알고 싶은 내용: 권정생 선생님이 몇 권을 적으셨는지 알고 싶다.

권정생 선생님은 어린 아이들을 위해 자신의 몸이 아픈데도 책을 쓴 모습이 감동적이었다.

몽실언니가 권정생 선생님이 만든지 처음 알았다.

문학기행

　권정생 작품을 읽고 난 후 선생님 사시던 집과 권정생 동화나라를 둘러보는 문학기행을 기획해도 좋다. 선생님 사시던 집과 동화나라는 자동차로 5분이 채 안 걸리는 거리에 있으므로 선생님이 사시던 소박한 집과 인근의 교회를 둘러보고 권정생 동화나라를 방문하여 선생님의 유품과 대표적인 작품을 보고, 영상을 보는 내용으로 문학기행을 하면 또 다른 의미 있는 시간이 될 것이다. 지리적으로도 남안동 IC(경상북도 안동시 일직면) 인근이므로 찾아오기가 쉬울 것이다.
　2~3시간 정도면 충분히 가능하다.

탐방 코스 1
권정생 동화나라 – 권정생 선생 살던 집 – 빌뱅이 언덕 – 일직 교회

탐방 코스 2
권정생 선생 살던 집 – 빌뱅이 언덕 – 일직 교회 – 권정생 동화나라

권정생 동화나라 ↔ 권정생 선생 살던 집　차로 10분 내외

걸어서 5분 내외　권정생 선생 살던 집 ↔ 일직 교회

빌뱅이 언덕(권정생 선생 살던 집 바로 뒤)　걸어서 1분 내외

선생님 사시던 집

우리나라 보물 57호인 오층전탑이 있는 조탑리로 들어오면 오층전탑 근처에 차를 주차할만한 공간이 있다. 이곳에 차를 주차하고 걸어서 5분 정도 걸어 들어가면 권정생 선생님 살던 집이 있다. 집 바로 앞에는 차를 세우기 어렵다.

아이들과 책을 읽고 문학기행을 오는 것이 가장 좋고, 함께 책을 읽지 못한다하더라도 직접 방문을 통하여 책에 대한 관심을 높이고 작가를 이해하는 좋은 기회가 될 것이다.

아이들에게 들려주는 짧은 소개

권정생 선생님
1937.9.10.~ 2007.5.17.

아동문학가. 가난하고 소외된 것들에 대한 사랑을 아름답게 표현한 작가로 대표작으로 <강아지똥>, <하느님의 눈물>, <몽실 언니> 등의 작품이 있고, 시집 <어머니 사시는 그 나라에는>, 수필집 <오물덩이처럼 딩굴면서>등이 있다.

일본에서 태어나 해방 직후 경북 청송으로 귀국하였다가 1957년 안동 일직으로 돌아와 2007년 돌아가실 때까지 결핵을 앓으면서도 어린이를 위한 동화를 쓰는데 평생을 바쳤다.

안동 일직에서 교회의 종지기 일을 하면서 아이들에게 자주 동화를 들려주고 좋은 동화를 쓰고 싶은 열망에 병마와 싸우면서도 꾸준히 글을 쓰셨다.

일생을 가난한 작가로 살면서 책을 통해 얻게 된 인세를 전쟁과 배고픔으로 고통 받는 어려운 아이들을 위해 써달라는 유언을 남기셨다.

권정생 선생님 사시던 집

해방 이듬해인 1946년 일본에서 귀국하여 1947년 안동시 조탑리에 정착한 권정생은 1983년 가을, 일직교회에서 이사 와 2007년 귀천할 때까지 이곳에서 살았다.
『몽실 언니』 인세를 받은 돈에서 조금 더 보태어 이 집을 지었다. 동네 청년들이 집을 지을 때 많이 도와주었다. 40대 중반이 넘어서 비로소 자신만의 공간을 가진 데 대하여 작가는 '따뜻하고, 조용하고, 그리고 마음대로 외로울 수 있고, 아플 수 있고, 생각에 젖을 수 있어서 좋다.'고 했다.

1986년 집에 전기가 들어온다. 호롱불을 켜고 살았으나 불편한 것을 몰랐다.
권정생은 전기가 들어왔을 때 '아직도 고무신과 호롱불이 생리적으로 제게 어울린다는 진부한 생각을 합니다. 전기 불빛 아래에서 과연 동화가 씌어질 수 있을지 무거운 숙제가 되었습니다.'라고 하였다. 물질의 풍요와 편안함이 주는 것을 경계하는 마음 그대로 자발적 가난의 삶을 실천하였다. 우리의 아이들이 자연 속에서 마음껏 뛰어노는 세상을 꿈꾸었다.

집 바로 뒤에는 나지막한 빌뱅이 언덕이 있다. 꽃, 풀벌레, 노을, 밤하늘 별을 보러 올라오기도 하고 더러는 사람들을 피해 숨기도 했다.

선생은 유언을 남기며 생전에 살던 집도 없애라고 하셨다. 하지만 선생님의 빈 자리를 아쉬워하고 흔적을 보고 싶어 하는 많은 사람들의 바람으로 사시던 집을 그대로 보존하고 있다. 집을 방문하면 소박하고 가난하게 사는 것을 그대로 실천하신 선생님의 삶을 볼 수 있을 것이다. 언제라도 방문이 가능하다.

집에서 5분 정도 걸어 큰길 쪽으로 나가면 일직 교회가 있다. 1968년 교회 문간방에서 교회 종지기 생활을 시작했다. 교회에서 아이들을 가르치기도 했고,
동화도 썼다. 조그만 문간방은 겨울엔 춥고 여름엔 더웠지만 글을 쓸 수 있고 아이들과 자주 만날 수 있는 장소였다. 지금은 문간방은 남아 있지 않다. 추운 겨울에도 장갑을 끼지 않고 종을 쳤다. 1983년 빌뱅이 언덕 아래의 집으로 옮길 때까지 16년간 이곳에서 지내면서 『강아지 똥』, 『몽실 언니』 등의 작품을 썼다.

선생님 사시던 집 　　　상여집(곳집)

책쓰기 동아리와 함께한 문학기행

여름날 책쓰기 동아리 부원들과 문학기행을 떠났다. 선생님이 사시던 집에 잠시 머물렀다. 빌뱅이 언덕을 올려다보고, 풀이 무성한 마당 주변도 둘러보았다. 동화나라에 들러 우리가 읽지 못했던 선생님의 작품을 더 찾아보고 책을 몇 권 사기도 했다.

선생님 사시던 집 앞에서 좌, 권정생 동화나라 입구 우

동화나라 마당

동화나라 전시실 영상 자료

권정생 동화나라

〈권정생 동화나라〉는 권정생 선생님의 삶과 문학정신을 기리기 위해 2014년 폐교된 일지남부초등학교 학교를 리모델링하여 태어났다. 2층의 건물 중 1층에는 전시관, 도서실, 서점 등이 있고 2층에는 다목적강당 등이 있다.

전시관에는 생전의 권정생 작가가 살던 집 모형과 실제 그가 사용하던 의료물품, 생활기록부, 부채, 일기장, 성경, 책상 등의 유품과 초기의 출간 작품들, 잡지 및 최근에 발행된 그림책 등도 만날 수 있다. 권정생 어린이문화재단이 안동시의 위탁을 받아 운영하고 있다. 작가가 돌아가신 5월 17일에는 매년 '추모의 정'행사가 열리고 이때 '몽실 언니 도서 지원 사업'과 '권정생 문학수상식'이 함께 진행된다.

권정생 어린이문화재단 권정생 동화나라(www.kcfc.or.kr)홈페이지에 권정생 동화나라를 함께 안내한다.

권정생 어린이문화재단 홈페이지 　　　권정생 동화나라 입구

관람 안내

- 개관 시간 및 관람 시간: 10:00-17:00(소요시간 약 30~40분)
- 관람 요금: 무료
- 정기 휴관일: 매주 월요일, 1월 1일, 설날 및 추석 당일
- 관람 문의: 전화 054-858-0808
- 주소 : 경북 안동시 일직면 성남길 119(망호리 819)
- 방문 및 문학기행 안내 신청
  - 일반기행: 자유관람(무료)
    해설사 동반시(1시간~2시간 설명)
  - 문학기행: 몽실 문학기행/ 한티재 문학기행(둘 중 하나만 선택 가능)
    문학기행 신청 시 해당 작품을 미리 읽고 와야 함(3시간 이상)
    기타 자세한 내용은 전화 예약으로 확인 가능

권정생 동화나라 찾아오는 길

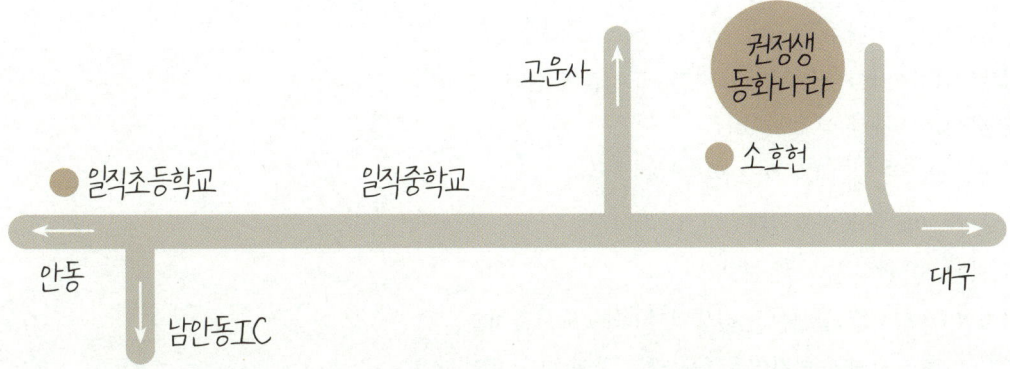

- 남안동 IC - 권정생 동화나라 (약 7.3km)
- 권정생 동화나라 - 권정생 선생님 사시던 집 (약 5.2km)
- 남안동 IC - 권정생 선생님 사시던 집 (약 2.5km)

참고 문헌

권정생(2018), 우리들의 하느님, 녹색평론사
권정생(2012), 빌뱅이언덕, 창비
권정생(2000), 오소리네 집 꽃밭, 길벗어린이
권정생(1985), 초가집이 있던 마을, 분도 출판사
똘배어린이문학회(2019), 권정생 동화 읽기, 현북스
이기영(2014), 작은 사람 권정생, 단비
권정생(2018), 길로 길로 가다가, 한울림어린이
권정생(2014), 강아지똥, 길벗어린이
권정생(2011), 슬픈 나막신, 우리교육
권정생(2017), 사과나무밭 달님, 창비
권정생(2012), 빌뱅이 언덕, 창비
권정생(2012), 몽실 언니, 창비
권정생(2011), 랑랑별 때때롱, 보리
권정생(2017), 먹구렁이 기차, 우리 교육
권정생(2011), 물렁감, 우리교육
권정생(2019), 밀짚잠자리, 길벗어린이
권정생(2012), 비나리 달이네 집, 낮은산
권정생(2012), 아름다운 까마귀 나라, 도서출판 산하
권정생(2016), 새해 아기, 단비
권정생 외(2013), 똘배가 보고 온 달나라, 창비
권혁준 외(2017), 동화수업레시피, ㈜박이정
이원준(2008), 권정생, 작은씨앗
조월례 외(2021), 교실에서 권정생읽기, 학교도서관저널
김명희(2016), 시간과 공간의흐름을 타는 국어수업, 창비교육
경상북도교육청연구원(2019), 인문학 교육자료 경상북도문학관탐방
이오덕·권정생(2017), 선생님, 요즘은 어떠하십니까, 양철북
이충렬(2018), 아름다운 사람 권정생, 산처럼
한경희(2018), 권정생, 민속원
그리운 권정생 선생님의 책을 찾아가는 지도, 어린이문화연대 한국어린이문학협의회
교육부(2019), 국어 교사용 지도서 6-1, 미래엔
교육부(2018), 국어 교사용 지도서 4-1, 미래엔
교육부(2018), 국어 교사용 지도서 2-1, 미래엔

※ 이 책에 실린 사진은 권정생어린이문화재단으로부터 사용 허락을 받았습니다.